歴史文化ライブラリー
184

騎兵と歩兵の中世史

近藤好和

吉川弘文館

目次

はじめに

戦士の四形態

世界史的にみて、前近代の戦士には、馬に騎乗《きじょう》して戦闘に参加する騎《き》兵《へい》と、馬に騎乗せずに徒歩で戦闘に参加する歩兵《ほへい》がおり、かれらの攻撃兵器としては、弓箭《ゆみや》・火器（鉄炮《てつぽう》など）・投槍《とうそう》などの「飛道具《とびどうぐ》」と、刀剣類を中心に棒などを加えた打撃《だげき》・斬撃《ざんげき》・刺突《しとつ》などを目的とする「衝撃具《しょうげきぐ》」があり、それぞれの組み合わせで、戦士は四形態に分類できる。

もっとも戦車（馬車）や船舶で戦う戦士もいた。かれらを騎兵と歩兵に単純に分類することは難しく、四形態の分類も必ずしも絶対的な分類ではない。とはいえ、四形態の戦士は、時代や国・地域を問わず普遍的に存在している。

この戦士を四形態に分類するという概念は、欧米の発達した軍事史から学んだ概念で、日本では浸透しているとはいえないが、武士をはじめとする前近代の日本の戦士も、この四形態に分類することができる。ただし、日本で飛道具といえば、全時代で普遍的に使用されていたのは弓箭であり、鉄炮の普及以後も併用されていた。また、衝撃具は「打物《うちもの》」と総称されている。そこで、こうした日本の実情や用語に即した形で、四形態の戦士を言い換えると、弓射《きゅうしゃ》騎兵・弓射歩兵・打物騎兵・打物歩兵ということになる。

このうち弓射騎兵・歩兵は、弓箭だけでなく、打物（特に刀剣）も同時に佩帯《はいたい》しており、これに対して、打物騎兵・歩兵は打物だけで弓箭を佩帯していない。したがって、両者の相違は、弓箭佩帯の有無と言い換えることもできる。打物佩帯の有無にかかわらず、弓箭を佩帯していれば、弓射騎兵・歩兵なのである

また、世界史的な概念では、「飛道具」を用いる騎兵・歩兵は軽装、「衝撃具」を用いる騎兵・歩兵は重装となるが、日本（特に中世）では、騎兵・歩兵のそれぞれが着用する甲《かっ》冑《ちゅう》の重量を考慮すると、この分類は当てはまらない。詳しくは本編でふれるが、甲冑の重量からすると、弓射歩兵は軽装でよいが、弓射騎兵が軽装で、打物騎兵・歩兵が重装とは必ずしもならない。

本書の目論見

じつは本書の目論見《もくろみ》は、日本の古代から中世にわたる騎兵と歩兵の歴史を、戦士の四形態に分類しながら、その変遷《へんせん》を追うことにある。それはつまり古代から中世にわたる、弓箭と打物（刀剣）の使用法の変遷史でもあり、かつ戦闘史でもある。

また、日本の中世・近世で戦士といえば、いうまでもなく武士が中心となるが、武士といえば、近年の中世武士論では騎兵だけが取り上げられ、歩兵は等閑視《とうかんし》されている。また、中世武士論では、武士という存在の定義もさまざまな議論があって、そのなかで歩兵を武士といってよいかどうかも議論が必要である。しかし、かかる歩兵も戦士には相違なく、また、少なくとも武士というのは単独で活動しているのではなく、武士団という集団で活動している。近年の中世武士論にはこの武士団という視点が乏しいが、騎兵だけでなく、歩兵も武士団の重要な構成員であることは確かであろう。その意味で、戦士の四形態の変遷を追うことは、武具の視点からの武士団研究への展望ともなるであろう。

もっとも、中世前期（治承《じしょう》・寿永《じゅえい》期とそれ以前）の弓箭と刀剣の使用法や戦闘については、すでに本シリーズでの前著『弓矢と刀剣――中世合戦の実像』で詳しく考察している。そこで本書では、まずはその要点を、戦士の四形態という新しい視点から、その後の新知見を加えながらまとめ直し、そこから古代（律令制下《りつりようせいか》）に遡《さかのぼ》り、古代から中世前期までの騎兵と歩兵の歴史を見通したうえで、再び中世にもどって、南北朝期とそれ以降（つまり中世後期）の戦闘について、やはり戦士の四形態の視点から詳しく分析することにしたい。率直にいえば、前著で意図しながら果たせなかった中世後期の戦闘実態の考察と、その日本史上における位置づけこそが、本書の根底にある目的である。

なお、本書は内容的に武具《ぶぐ》の解説は不可避となるが、体系的な武具概説は前著で行ったのでそれに譲り、本書では必要に応じて必要な部分だけの解説にとどめることとする。また、著者はこれまで、武器という用語は歴史用語ではなく、前近代では、攻撃具も防御具《ぼうぎよぐ》も一括《いつかつ》して武具と呼ばれていたことを認識していながら、便宜的に攻撃具を武器、防御具を武具として、両者を併せて武器・武具という用語を使用してきた。しかし、本書ではそれを改めて、歴史的に正しい意味で武具という用語を用い、必要に応じて攻撃具・防御具・兵器などの用語を併用することとする。

最後に、戦士の四形態の戦闘（弓箭と打物の使用法）について、本書全体に共通する基礎事項を確認しておく。つまり、騎兵は馬上《ばじよう》・徒歩《とほ》ともに戦えるが、当然のこととして歩兵は徒歩でしか戦えない。したがって、騎兵の方が戦闘形態は豊富であり、特に弓箭と打物を同時に佩帯している弓射騎兵では、騎射《きしゃ》・歩射《ぶしゃ》・馬上打物・徒歩打物のすべてが可能になる、という至極当たり前のことを確認して、本編に入っていきたい。

中世前期の騎兵と歩兵

中世前期戦闘考察の史料

まずは中世前期（南北朝期以前）の戦闘を、『今昔物語集《こんじやくものがたりしゅう》』（以下、『今昔』）と『延慶本《えんぎょうぼん》平家物語』『源平盛衰記《げんぺいじょうすいき》』（以下、あわせて『平家』）などの文献と、『前九年合戦絵巻《ぜんくねんかっせんえまき》』（以下、『前九年』）の分析からみていく。

『平家物語』と『前九年合戦絵巻』

中世前期の戦闘考察には、『今昔』などの説話物語集や『平家』などの軍記物語のほかに、有力な文献史料がないことは異論がないであろう。一方、絵画史料としては、『前九年』の他にも、『平治物語絵巻《へいじものがたりえまき》』や『蒙古襲来絵巻《もうこしゅうらいえまき》』などがあり、合戦絵巻としてはむしろそれらのほうが有名で、『前九年』はあまり注目されていない。しかし、じつは『前九年』の戦闘描写は、『平家』の戦闘描写にもっともよく合致するのである。

その具体例は順次みていくわけだが、全体像についてふれておくと、『前九年』は現在二本が伝世《でんせい》している。国立歴史民俗博物館蔵本（一断簡は五島美術館蔵――あわせて歴博《れきはく》本《ぼん》）と東京国立博物館蔵本（東博本《とうはくぼん》）である。ともに完存本《かんぞんぼん》ではなく、一部分だけが残っており（かかる本を零本《れいほん》という）、歴博本のほうが残存部分が多いが、両本は構図的に共通部分がある。これは、どちらかが原本《げんぽん》で、どちらかが模本《もほん》というよりも、ともに同様の祖《そ》本《ほん》（元本）から模写されたもののようで、模写の時代は、東博本がやや遅れるものの、ともに十三世紀末頃という。

ところで、『吾妻鏡《あずまかがみ》』承元四年（一二一〇）十一月二十三日条によれば、源《みなもとの》実朝《さねとも》が京都から取り寄せた『奥州《おうしゅう》十二《じゅうに》年合戦絵《ねんかっせんえ》』を鑑賞したという。確証はないが、この絵巻こそ現存本の祖本の可能性が高いとみられる。事実、現存本の武装描写を詳細に分析すると、稚拙《ちせつ》さを残す描写ながら、十三世紀初頭以前に遡りうる古様な様式が多くみられ、祖本がその頃に制作されたことをうかがわせる。

とすると、現存本の戦闘描写も祖本からの継承の可能性が高くなる。それが『平家』の戦闘描写によく合致するということは、最古態と考えられている延慶本でさえ、その成立は治承《じしょう》・寿永《じゅえい》期よりも百年近く後であるが、その戦闘描写は、治承・寿永期の戦闘の面影を伝えているということになろう。その意味で、中世前期の戦闘史料として、『前九年』に注目したいのである。『前九年』と併《あわ》せ考えることで、『平家』の戦闘描写は、中世前期戦闘考察のより生きた史料となるであろう。なお、本書では、『前九年』は特に『平家』との合致点が多い歴博本を使用する。

『今昔物語集』の戦闘

まずは『今昔』の戦闘から分析したい。『今昔』は十二世紀初頭の成立と考えられており、その説話にみえる戦闘は、治承《じしょう》・寿永《じゅえい》期以前の戦闘考察の手がかりとなる。そのうちまず取り上げるべきは、やはり巻二十五・源《みなもとの》充《みつる》平《たいらの》良文《よしふみ》合戦《かっせん》語《せること》　第三の弓射騎兵《きゅうしゃきへい》による騎射の一騎討《いっきうち》であろう。

騎射の一騎討

各《おのおの》　五六百人許《ばかり》ノ軍《いくさ》有リ、（中略）一町計《ばかり》ヲ隔テ、楯《たて》ヲ突キ渡シタリ、（中略）各楯ヲ寄セテ、今ハ射組《いくみ》ナムト為《す》ル程ニ、（中略）然《さ》テ雁股《かりまた》ヲ番《つがひ》テ走ラセ合《あひ》ヌ、互ニ先ツ射サセツ、次ノ箭《や》ニ慥《たしか》ニ射取ラムト思テ、各ノ弓ヲ引テ箭ヲ放ツテ馳《は》セ違《か》フ、各走セ過ヌレバ、亦《また》各馬ヲ取テ返ス、亦弓ヲ引テ箭ヲ不放《はなたず》シテ馳セ違フ、各走セ過ヌレバ、亦

> 各馬ヲ取テ返ス、亦弓ヲ引テ押宛《おしあ》ツ、良文、充ガ最中《もなか》ニ箭ヲ押宛テ、射ルニ、充、馬ヨリ落ル様ニシテ箭ニ違《たが》ヘバ、太刀《たち》ノ股寄《ももよせ》ニ当《あたり》ヌ、充亦取テ返シテ良文ガ最中ニ押宛テ射ルニ、良文箭ニ違テ身ヲ□ル時ニ、腰宛《こしあて》ニ射立テツ、亦馬ヲ取テ返シテ亦箭ヲ番テ走ラセ合フ時ニ、

ここで注目されるのは、騎射の一騎討の方法全体もさることながら、「最中ニ箭ヲ押宛テ、射ル」とある点で、ここからは両者が至近距離で最中を狙っていることがわかるが、最中とは腹部などの身体正面をいう。そして、これまで気付かれていない意外な盲点が、両者が最初に射た「雁股」つまり狩俣矢《かりまたや》がすれ違う前に射られているという点である。これを最中が身体の正面であることと併考すると、両者の弓射は前方射であり、現在の流鏑馬《やぶさめ》等からイメージされる左横への弓射ではないという点である。

追物射と前方射

騎射のうちでも、馬を馳せる騎射を特に「馳射」と表記するが、これを、承平《しょうへい》年間（九三一～九三七）に源　順《みなもとのしたごう》が編纂した百科辞典である『和名類聚抄《わみょうるいじゅしょう》』（以下、『和名抄』）巻四・術芸部射芸類では、「於无毛乃以流（おむものゐる）」と訓読している。つまり追物射《おものい》である。追物射とは、獲物を追い掛けて矢を射る狩猟の基本技術であり、その弓射姿勢は、鐙《あぶみ》を踏ん張り、鞍壺《くらつぼ》から腰を浮かせ（これを立《たち》

図1　追　物　射　『前九年合戦絵巻』(国立歴史民俗博物館蔵)より

鞍《ぐら》という)、左腰を前に捻《ひね》った前傾姿勢で、前方または前方下方に矢を射る。『前九年』には、源義家《よしいえ》がこの追物射で敵を射た瞬間が描かれている(図1)。義家は、左腰を捻った形ではないが、中腰ながら立鞍の前傾姿勢に描かれている。また、弓射の瞬間であることは、義家が持つ弓の湾曲が逆に描かれている点からわかる。弓は弓射の瞬間に外側に返るのであり、弓の湾曲が逆なのはそのことを示し、絵巻の描写が正確であることを示している。

前方射はこの追物射の技術を応用すればよい。立鞍で左腰を前に捻った前傾姿勢で、敵や獲物を追えば追物射となり、説話の一騎討のように、向かってくる敵や獲物を狙えば前方射となる。つまり両者の相違は敵の状態で、自身の状態（体勢）は、敵の動きにかかわらず一定でよいのである。なお、絵巻では、義家の敵は、喉《のど》に矢を受けて落馬しているが、これは追物射に対抗して後ろを振り向いた弓射をしていたからであろう。この馬上で後ろを振り向く弓射が、「押し捩《もじ》り」の弓射であるが、これについてはのちにふれよう。

一騎討という戦闘

さて、この一騎討は、通説では古典的一騎討で、治承・寿永期以前の典型的な戦闘と捉えられ、治承・寿永期での戦闘法の変化の起点と考えられてきた。しかし、この一騎討は、引用では省略したが、良文の誘いかけにより偶然始まったもので、当初から想定されていたものではない。

当初から想定されていたのは、「各五六百人許ノ軍有リ、（中略）一町許ヲ隔テ、楯ヲ突キ渡シタリ、（中略）各楯ヲ寄セテ、今ハ射組《いぐみ》ナムト為ル」とあるように、両軍各五、六百人による射組戦である。両軍が楯を挟んだ射組戦を楯突《たてつくいくさ》戦という。楯突戦の後に、騎兵が馬を馳せる戦闘（それを馳組《はせくむいくさ》戦という）に移行するのであろう。そのなかで一騎討も実現したかも知れないが、一騎討そのものが当時の普遍的戦闘とはいえないのである。

たとえば、長文となるので引用はしないが、同じく『今昔』でも、巻二十五・平維茂《たいらのこれもち》

図２　騎射の一騎討の直前　『前九年合戦絵巻』(国立歴史民俗博物館蔵)より

罰藤原諸任語《ふじわらのもろとうをうちたること》第五に描かれている戦闘は、弓箭《ゆみや》の戦闘であるが、夜討ち・焼討ち・奇襲という形態を取っており、一騎討などは描かれていない。そもそも騎射の一騎討の記述は、管見ではこの『今昔』の一例しかないし、他には『前九年』にその直前の場面が描かれているのがあるにすぎない（図２）。ちなみに、夜討ち・焼討ちという戦闘は、平将門《たいらのまさかど》の乱を描いた『将門記《しょうもんき》』にみられる、敵の掃討《そうとう》や殲滅《せんめつ》を目指す戦術に通じるものである。

　戦闘のなかで、二人だけで戦える状況はなかなか作りにくい。その意味で、一騎討とは特殊な戦闘といえる。しかし、逆に条件さえ整えば、一騎討はいつの時代にもあり得る戦闘である。また、一対一で戦うことが一騎討という戦闘だから、それは騎射戦だけに限定されるものではないし、まして騎射戦＝一騎討ではけっしてない。事実、のちにみるように、『太平記』では馬上打物の一騎討がみられる。したがって、騎射戦＝一騎討という誤解から、一騎討が治承・寿永期やそれ以前の時代の戦闘の特徴のように説かれることがある。しかし、一騎討という戦闘が時代の特徴なのではなく、一騎討で戦われる内容が時代の特徴になるのである。一騎討は特殊な戦闘であるがために、時代の特徴が強調されるという理解である。

その意味では、『今昔』に騎射の一騎討が描かれているというのは、時代の特徴となる当時の戦闘が、騎射であったことを示している。事実、『今昔』の全説話を分析すると、弓箭は日常的には歩射《ぶしゃ》もあるが、馬上や合戦での武具はきまって弓箭であるのに対し、太刀《たち》や腰刀《こしがたな》などの刀剣（『今昔』に長刀《なぎなた》はみえない）は、合戦や馬上での使用例は一例もなく、すべて日常の喧嘩《けんか》や闘争での使用である。

『今昔』の騎兵と歩兵

『今昔』の騎兵は、弓射騎兵であったのである。

一方、『今昔』では、巻二十五・平維茂罸藤原諸任語第五に「騎馬ノ兵七十人、徒歩ノ兵三十人」とあるように、歩兵の存在も明らかであるが、その明確な戦闘はない。合戦での攻撃具が弓箭で、刀剣の馬上使用がない点からは、刀剣は歩兵の攻撃具で、歩兵の戦闘描写がないから合戦での刀剣使用がないとも考えられる一方で、日常的には歩射の描写もあり、楯突戦には歩兵の参加が想定されるから、弓射歩兵の存在も考えられることになる。つまり『今昔』の歩兵は、弓射・打物の両方が考えられる。じつは弓射騎兵を加えたこの戦士構成は、のちに分析する律令制下の騎兵と歩兵の構成と同様なのである。

なお、楯突戦には騎兵の参加も想定できる。騎兵が楯の後ろで弓射をしているとすれば、それは馬静止の状態での弓射になろう。

『平家物語』の戦闘

騎兵と歩兵の行粧

『平家』の戦闘は『前九年』の描写と合わせることでより生きたものとなることはすでにふれたが、戦闘描写の前提となるのが行粧《いでたち》である。行粧描写は『今昔』にはないが、『平家』には騎兵を中心にさかんにみられ、一例をあげると次のようである。

延慶本《えんぎょうほん》第五本・義仲被討事《よしなかうたるること》

赤地ノ錦ノ直垂《ひたたれ》ニ、ウス金《がね》ト云唐綾《からあや》ヲドシノ鎧ニ、白星ノ甲《かぶと》キテ、二十四指タル切文《きりふ》ノ矢ニ、塗《ぬり》ゴメ藤《どう》ノ弓ニ、金作《こがねづくり》ノ大刀《たち》ハイテ、白葦毛《しろあしげ》馬ニ黄伏輪《きふくりん》ノ鞍置テ、厚《あつ》ブサノ鞦《しりがい》カケテゾ乗リタリケル、鎧《よろい》（大鎧《おおよろい》）・冑《かぶと》（星冑《ほしかぶと》）・弓箭《ゆみや》・太刀《たち》・鞍置馬《くらおきうま》の構成で、これに描写はないが、籠手《こて》・脛当《すねあて》などの小具足《こぐそく》と腰刀《こしがたな》が加わる。これが弓射騎兵《きゆうしゃ》の行粧で、この点は『前九年』からも確認できるが、弓箭・太刀・腰刀を一括佩帯《いっかつはいたい》する弓射騎兵の戦闘は、弓箭戦《ゆみやせん》・打物戦《うちものせん》・組討戦《くみうちせん》となる。

一方、明確な歩兵の行粧は『平家』にはみえない。ただし、『前九年』では、一部に大鎧で歩射《ぶしゃ》を行う姿も描かれているが（次ページ図3）、基本的に歩兵は、腹巻《はらまき》に、弓箭を佩帯せず、打物《うちもの》（太刀や長刀《なぎなた》）と腰刀で武装した打物歩兵である。そこから、打物歩兵の戦闘は徒歩打物と組討戦ということになる。

なお、この弓射騎兵が着用する大鎧という甲《よろい》は、星冑とセットで三十キロを超え、一方、打物歩兵が着用する腹巻は、十キロ前後で、しかも冑は被《かぶ》らない。つまり、弓射騎兵の方が打物歩兵よりも重装であり、日本では、甲冑《かっちゅう》の面からいえば、弓射騎兵が軽装、打物歩兵が重装とはいえないのである。

以上、騎兵・歩兵の行粧を確認したうえで、『平家』の戦闘を騎兵中心にみていこう。最初に注目したいのは、次の記述である。

真光故実

延慶本第二末・小壺合戦《こつぼかっせん》

3　馬静止射と大鎧姿での歩射　『前九年合戦絵巻』(国立歴史民俗博物館蔵)より

①楯突《たてつく》戦《いくさ》ハ度々シタレドモ、馳組《はせくむ》戦《いくさ》ハコレコソ初ナレ、何様《いかよう》ニアフベキゾ

②軍ニアウハ、敵モ弓手《ゆんで》、我モ弓手ニ逢ムトスルナリ、打《うち》解《とけ》弓《ゆみ》ヲ不可引《ひくべからず》、アキマヲ心ニカケテ、振合々々シテ、内甲《うちかぶと》ヲヲシミ、アダヤヲイジト矢ヲハゲナガラ、矢ヲタバイ給ベシ、矢一放テハ、次矢ヲ急ギ打クワセテ、敵ノ内甲ヲ御意ニカケ給へ、

③昔様ニハ馬ヲ射事ハセザリケレドモ、中比ヨリハ、先シヤ馬ノ太腹《ふとばら》ヲ射ツレバ、ハネヲトサレテカチ立ニナリ候、近代ハ、ヤウモナク

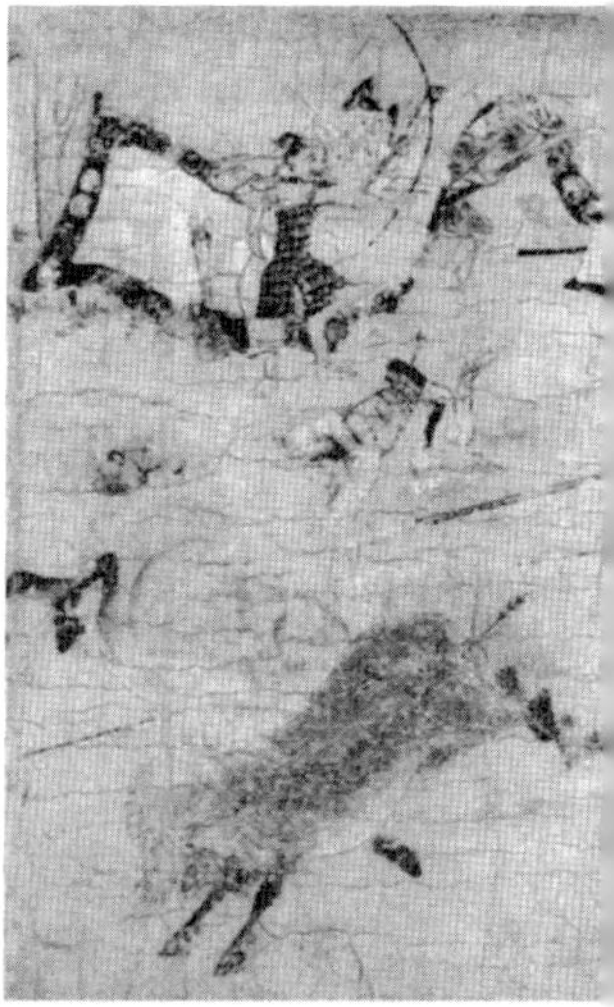

押並テ組テ、中ニ落ヌレバ、大刀・腰刀ニテ勝負ハ候也、

これは和田義盛《わだよしもり》と郎等藤平真光《とうへいさねみつ》の問答で、馳組戦の故実《こじつ》を尋ねた義盛の諮問（①）に、真光が回答（②③）したものである。この真光の回答を著者は「真光故実《さねみつこじつ》」とよぶが、これはまさに弓射騎兵の故実である。

そのうち②は騎射《きしゃ》戦の故実である。注目されるのは防御の強調で、その点に、防御は楯に頼ることができる楯突戦と、自身の甲冑で行わなければならない、換言すれば攻撃と防御を同時に行わなければならない馳組戦の相違が示されていよう。

③では、弓射騎兵の時代を追った戦闘法の変化が語られる。「中比」からは敵の馬を射るようになり、「近代」は「ヤウモナク押並テ組」むつまり組討戦《くみうちせん》を行うようになったという。「昔」と「中比」がいつをいうかは不明だが、近代は治承《じしょう》・寿永《じゅえい》期に相違なく、その点で、③は治承・寿永期の戦闘法の変化を説く際のほとんど唯一の史料として取り扱われており、ここから騎射の放棄なども説かれている。明らかに『平家』には、相手の馬を

射る行為や組討戦の増加がみられるのは確かである。

しかし、だからといって③だけで騎射の放棄は説けない。『平家』にも騎射戦が散見するからである。むしろ著者が注目したいのは、相手の馬を射るのは馬上からつまり騎射であり、太刀・腰刀などの刀剣は、落馬後（すなわち徒歩）での使用が説かれている点である。つまり真光故実が説く弓射騎兵の戦闘は、騎射・落馬《らくば》打物《うちもの》（徒歩打物）・組討ということになり、これこそ『平家』にみえる弓射騎兵の戦闘で、しかもそれはそのまま『前九年』にも描かれているのである。

そこで、『平家』の騎射戦からみていくが、そのうち馬静止射《うませいししゃ》に注目したい。

馬静止射

『盛衰記』巻十五・宇治河合戦

上総《かづさの》太郎判官《ほうがん》（足利忠綱）、弓を引儲て、箭所《やどころ》のしづまるを待処に、（源大夫判官《げんだいふほうがん》）忠綱に組んと志て馳て懸けるを、能引放つ箭に、源大夫判官が内甲《うちかぶと》を射たりければ、箭尻《やじり》はうなじへつと通り、

『盛衰記』巻二十一・小壺合戦

（和田義盛）畠山（重忠）矢ごろにならば、唯一矢にと志、中差《なかざし》取て番《つが》ひ相待《あひまつ》、ほど近くなりければ、能引て放つ、畠山が乗たる馬の、当胸尽《むながいづくし》より、鞦《しりがい》の組違へ、矢さき

白く射出す、

足利忠綱・和田義盛ともに、馬上で弓を引き絞って敵が矢ごろに近づくのを待っており、馬静止射と解釈できる。

かかる馬静止射は、屋島の合戦で有名な那須与一の射芸もそうであるし（延慶本では、第六本・余一助高扇射事）、個人の射芸に限らず、「轡《くつばみ》を並べ」「鏃を揃へ」「差し詰め差し詰め散々に射る」、これに敵が「射しらまされ」ると続く、『平家』にみえる弓射戦の類型表現からもうかがえる（『盛衰記』巻二十七・矢矧川軍《やはぎがわいくさ》など）。しかも、これは複数の騎兵が轡《くつわ》を並べた馬静止射となるが、その場合、弓射の方向は前方しかないであろう。左横への弓射ならば、味方を射る危険性が出てくるからである。

また、治承・寿永期の戦闘の特徴として、掻楯《かいだて》・逆茂木《さかもぎ》・堀等の臨時の交通遮断施設による城郭戦《じょうかくせん》の増加が注目されている。こうした臨時の城郭戦や、宇治川の合戦などの大河を隔てた渡河戦《とか》では、攻撃側は交通遮断施設や大河で一時的に騎兵の進行が阻止されるのだから、それも馬静止射となるであろう。一時的な進行阻止で、騎兵が下馬するとは考えにくいからである。しかも、その弓射も前方射となろう。馬静止状態での左横への弓射ならば、敵の馬を射るという行為が増加しているなかで、馬が標的になるだけだからである。

馬静止の前方射は『前九年』にもみえる（二〇ページ図3）。画面は安倍《あべ》氏側が源頼義側の夜営陣を襲撃している場面で、交通遮断施設による城郭戦に通じるものがある。夜営側はみな歩射で応戦しており、腹巻を射向《いむけ》に掛けただけの姿に咄嗟《とっさ》の対応であることがよく示されている。一方、襲撃側には、大鎧で歩射を行う姿もみえるが、二騎の騎兵の馬は明らかに静止しており、しかも、その弓射姿勢は、立鞍《たちぐら》ではないようだが、左腰を前に捻《ひね》った前傾姿勢による前方射に描かれている。

なお、治承・寿永期に交通遮断施設による城郭戦が増加したということは、当時、弓射騎兵による戦闘がさかんであったことのむしろ証明になろう。交通遮断施設というのは、騎兵にこそ効果を発揮すると考えられるからである。

射向の袖を真向に

ところで、さきの引用で、源大夫判官は、忠綱に「内甲」を射られている。内冑とは、冑を着用しても防御しきれない顔面をいう。内冑の防御のためには、「錣《しころ》を傾ける」といい、やや顔を伏せる方法もあるが、「いとう傾けて頂辺《てへん》射さすな」ともいい、傾け過ぎると、冑の頂辺《てっぺん》に開いている孔を射られることにもなる。そこで、内冑の防御により有効なのが、大鎧の射向《いむけ》の袖であり、それを示すのが延慶本第五本・一谷追落事《いちのたにおひおとすこと》などにみえる「射向の袖を真向《まつこう》に当てよ」という表現である。

これは、前方から射かけられる矢に対し、内冑の防御のために、やはり左腰を捻って大鎧の左肩に垂れている射向の袖を前方に移動させる体勢を取ることを促す表現だが、その体勢に近い姿が『前九年』に描かれている。図4（次ページ）の金為行《こんのためゆき》であり、図2（一五ページ）の為行も同じ体勢といえる。

なお、射向の袖は、現在の流鏑馬《やぶさめ》のような左横への弓射でも、また、前方射でも、弓を構えている時は、弓射方向（つまり射向）の防御にはならない。左横ならば射向の袖を左手で後ろに払いのける形になるし、前方ならば射向の袖は左横に垂れているだけだからである。射向の袖が弓射方向への防御性を発揮するのは、弓を構えていない時なのである。図4の為行も弓に矢を番《つが》えようとしているところであり、図2もこれから騎射の一騎討が始まるところである。

騎射の多様性

さて、騎射には次のような弓射もある。

延慶本第五本・義仲被討事

木曾射残タル矢ノ一アルヲ取テツガヒテ、ヲシモヂリテ、馬ノ三ツシノ上ヨリ兵《ひよう》ドイル、石田ガ馬ノ太腹ヲノズクナニ射タテタリケレバ、石田逆《さかさま》ニ落ニケリ、

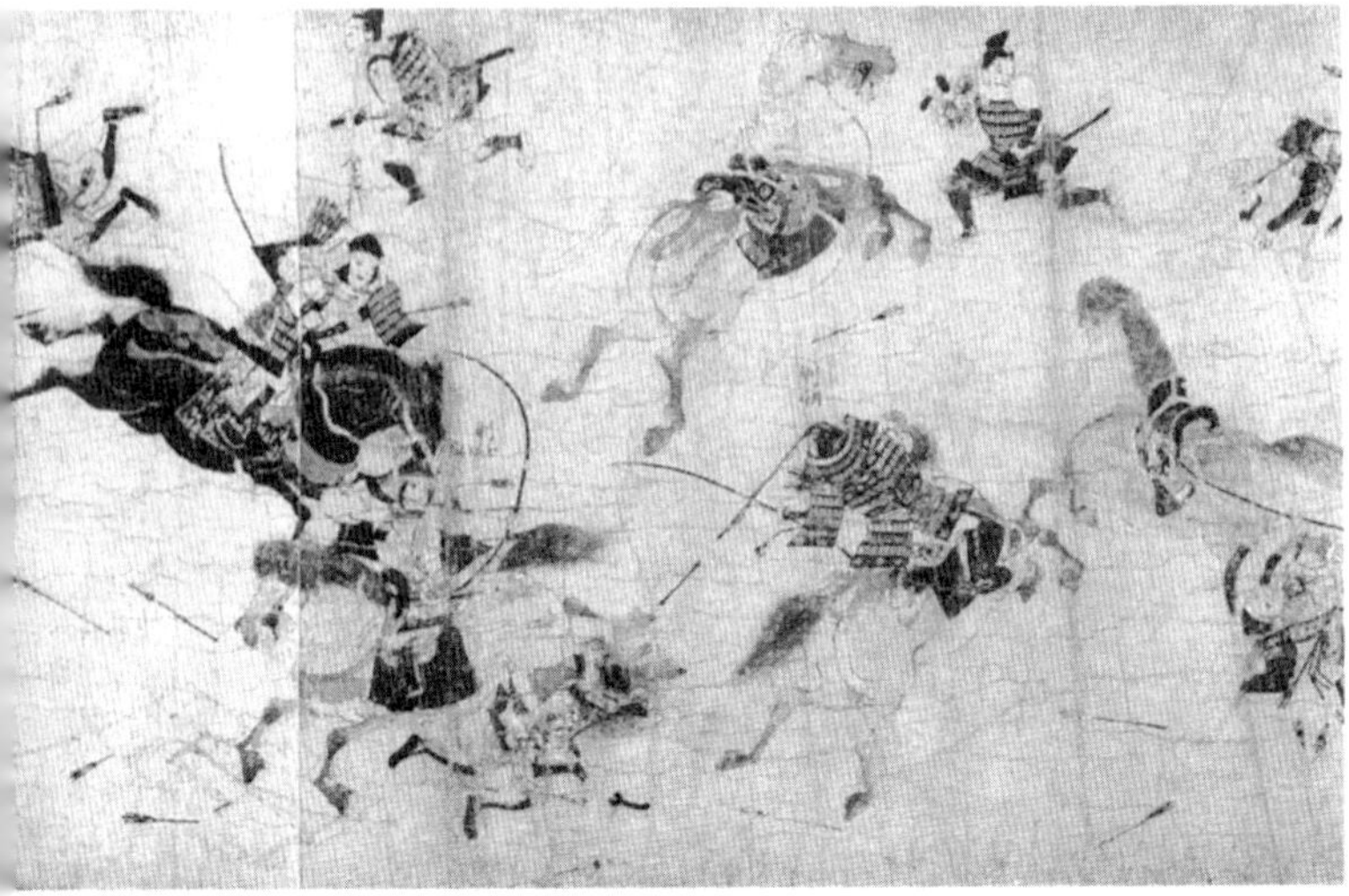

図4　弓射騎兵主体に打物歩兵を交えた中世前期の戦闘
『前九年合戦絵巻』（国立歴史民俗博物館蔵）より

注目されるのは「ヲシモヂリテ、馬ノ三ツシノ上ヨリ兵ドイル」とある点で、「ヲシモヂリテ（押し捩りて）」とは腰を大きく後方に捻ることで、「馬ノ三ツシ」とは馬の三頭《さんず》のことで、尻尾の上の部分をいう。つまり後方射である。これは、紀元前三世紀〜三世紀にメソポタミヤを支配した古代帝国パルテイア（アルサケス朝ペルシャ、中国名は安息国《あんそくこく》）の弓射騎兵が得意とした射法なので、英語ではパルティアンショット（安息式射法）という。また、この射法は、正倉院に伝世する獅子狩文錦《ししかりもんきん》などにも図案化されている。これが追《おい》

物射《ものい》に対抗する弓射でもあることはすでにふれたが、『前九年』でも、図4の安倍則任《あべのりとう》の弓射は左横にもみえるが、敵との位置関係を考えれば、後方射であろう。なお、則任は鞍壺《くらつぼ》に腰をおろしている。これを立鞍《たちぐら》に対して居鞍《いぐら》という。

さらに、立鞍で左腰を捻った前傾姿勢であれば、むろん右横は無理だが、前方射ならば、馬の首の右側の弓射（馬手射《めてしゃ》）も可能となる。事実、小笠懸《こがさがけ》という騎射芸は、笠懸の馬場を逆走し、馬手側の低い位置の的を射る競技である。

つまり、現在の流鏑馬的な左横への弓射もけっして否定はしないが、一般的に考えられているように、それが騎射の典型ではなく、典型は追物射であり、その応用の前方射や馬静止射・押し捩り・馬手射など、一口に騎射といっても多様性があることを認識する必要がある。同時に、追物射・前方射・馬手射などでは、現在の流鏑馬では行われていない立鞍で腰を捻った前傾姿勢が重要で、馬上で腰を捻るという動作は、押し捩りや防御でも重要である点も認識する必要があろう。

ちなみに、「腰を捻る」ということは、単に身体を捻る（それでは腰への負担が大きい）のではなく、わかりにくいかもしれないが、骨盤全体を移動させることであり、そのために立鞍の前傾姿勢が必要になるという点を申し添えておく。

なお、古代以来、日本の弓は長寸で、中世では七尺五寸を定寸とする。そこで、長寸であるから馬上では扱いにくいという意見もある。しかし、それは日本の弓の構造をよく理解していないたぶんに観念的な意見であると著者は考える。というのも、日本の弓《ゆ》は、弓把《つか》という弓射の際に弓を握る部分が、弓の真ん中ではなく、下端（本弭《もとはず》という）に近い方にあるからである。つまり、日本の弓は長寸といっても、長寸なのは弓把から上で、弓把から下は長寸ではない。したがって、馬上で扱いにくいということはない。そもそも本当に扱いにくかったならば、古代以来中世・近世を通じて長寸であるはずがないであろう。扱いにくかったならば、どこかの時点で淘汰《とうた》されているはずであるし、日常の鍛錬次第でどのようにでもなることであろう。

馬上打物

次は打物戦《うちものせん》である。『平家』の打物は、手鉾《てぼこ》・薙鎌《ないがま》・鉄熊手《てつくまで》などもみえるが、基本は太刀と長刀である。また、その使用は、打物歩兵はもちろんだが、弓射騎兵でも、真光故実では落馬後の使用を説くように、徒歩使用を原則とし、その一方で、太刀の馬上使用（馬上打物）も増加しているという状況である。まずは馬上打物をみよう。

延慶本第五本・義仲被討事

武者三十騎計馳来ル、兼平《かねひら》待ウケテ、箙《えびら》ニ残ル八筋ノ矢ニテ八騎射落シテ、其後大刀ヲ抜テヲメイテカクルニ、

弓射騎兵である兼平は、「待ウケテ」とあるように馬静止射を行った後に、太刀による馬上打物に移行している。刀剣の馬上使用はみられなかった『今昔』と比較すれば、『平家』での増加は明らかで、『平家』に限らず、『保元《ほうげん》物語』や『平治《へいじ》物語』など『平家』とほぼ同時代の軍記物語にも馬上太刀はさかんにみえる。なお、『前九年』でも、図4（二六・二七ページ）の藤原景通《かげみち》の対戦相手にみえる。『平家』をはじめこの時代にはまだ長刀の馬上使用はみられない。

落馬打物

一方、次のような太刀使用もある。

延慶本第五本・義仲被討事

（義仲）取テ返テヨクヒイテ兵《ひょう》ド射タリ、本馬ガ馬ノムナガヒヅクシニ羽《は》ブサマデゾ

射コミタル、馬逆ニマロビケリ、本馬ハ落立テ大刀ヲ抜ク、

『盛衰記』巻二十九・砺並山《となみやま》合戦

知度朝臣《とものりあそん》は馬を射させてはねければ、下立たりけるを、岡田冠者親義《かじゃちかよし》落合たり、知度

太刀を抜て甲の鉢を打たりければ、

ともに馬上では太刀を使用せず、落馬後に太刀を抜いている。これを著者は落馬打物《らくばうちもの》とよぶが、真光故実が説く太刀使用である。『前九年』にもこの落馬打物を思わせる姿がみえる。図4（二六・二七ページ）の画面左上端の大鎧《おおよろい》で抜身《ぬきみ》の太刀を右手に持つ徒歩の姿である。画面だけをみれば、これは大鎧姿ながら歩兵、矢が描かれている点から弓射歩兵ともみられる。しかし、その矢は箙《えびら》に二隻《せき》だけ残り、弓も持たず、頭は髻《もとどり》が剝《む》き出しの露頂《ろちょう》である点から、かなり奮戦した後とわかる。つまり、これに『平家』の記述を併考すれば、弓射騎兵の落馬打物である可能性がきわめて高くなる。これまでさまざまに『平家』の記述が『前九年』にもみえることを指摘してきたが、落馬打物こそ『平家』と『前九年』の関係をもっとも強く示すものであろう。

いずれにしろ、馬上打物は明らかに騎射の後だし、落馬打物も状況から騎射の後と考えられる。つまり太刀使用はいずれも騎射後であり、弓射以前に打物使用はない。これは弓

射騎兵だけでなく、弓射歩兵でも同様であろう。

組討戦

次は治承・寿永期での増加が説かれる組討戦である。組討戦とは腰刀による戦闘で、腰刀による戦闘は組討にならざるをえない。したがって、日常的な喧嘩や闘争の類の組討は『今昔』にもみられる。ただし、『今昔』では生首《なまくび》を取り合うことはない。ところが、『平家』の組討戦は生首を取り合う戦闘である。つまり厳密にいえば、治承・寿永期で増加したというのは、組討のうちでも生首を取り合う戦闘といえる。その一例が次である。

『盛衰記』巻三十五・巴《ともえ》関東下向

内田が弓を引《ひか》ざれば女（巴御前）も矢をば不射《いざり》けり、（中略）内田太刀を抜《ぬか》ざれば女も太刀に手を懸《かけ》ず、（中略）寄合《よせあはせ》互に声を揚《あげ》、（中略）やをうとぞ組《くん》だりける、

これは一騎討《いっきうち》である。『平家』の一騎討は、じつは騎射戦ではなく組討戦である。一騎討の内容が時代を象徴するという主張に当てはめれば、組討こそ時代の特徴といえる。しかし、一騎討はやはり特殊な戦闘であり、組討戦も通常は重層的になる。

『盛衰記』巻二十・石橋合戦

俣野《またの》歩《あゆま》せ出す、与一馬に引れて近付たり、（中略）名乗や遅、押並《おしなべ》て馬の間へ落重《おちかさな》る、

上に成《なり》下に成、駻《はね》返持返、（中略）与一は上にひたと乗得て、（中略―俣野側の長尾新五が近付くも、与一長尾を蹴り飛ばす）、其間に与一刀を抜て、俣野が首をかく、掻共《かけども》掻共不切《きれず》、指共《させども》指共透《とほ》らず、与一刀を持揚て、雲透《くもすき》に見れば、さや巻《まき》のくりかたかけて、鞘ながら抜たりけり、鞘尻《さやじり》くはへてぬかん〱としけれ共《ども》、運の極の悲さは、岡部弥次郎が、首切たりける刀を不拭《のごはず》、さやに差たれば、血詰《ちづまり》して抜《ぬけ》ざりけり、長尾新五が弟に新六落合て、与一が胡籙《やなぐい》の間にひたと乗得て、甲のてへんを引仰て頸《くび》をかく、

壮絶な戦闘であるが、このように、はじめは一騎討でも途中で敵・味方が集まってくる。かかる状況はやはり『前九年』にみえる。図4（二六・二七ページ）の画面上方、藤原通《みち》利《とし》は、一人の首を掻きながらもう一人の髻をつかんでいるが、そこに画面右側からは長刀を構えた腹巻姿の打物歩兵が、左側からは先の落馬打物とおぼしき弓射騎兵が近づいて来る。なお、通利の相手は、ともに大鎧に射残した矢を負い、抜身の太刀を手にしている。かれらも落馬打物であろう。

生首を取り合うわけだから、組討戦はどちらかの死に必ず直結する。壮絶な戦闘にならざるを得ない。同時に組討戦は当事者にとっては最終的な戦闘であり、騎射や打物戦の後になるのである。

なお、治承・寿永期に組討戦が増加した理由のひとつに、治承・寿永の内乱が「正当」な騎射術に対応できない階層をも巻き込んだ戦争だからという。しかし、戦闘技術論からいえば、短刀で生首を取るという行為も生半可《なまはんか》な「素人《しろうと》」でできることではないであろう。

弓射騎兵の戦闘と中世前期の戦士

このように、『平家』の戦士は弓射騎兵と打物歩兵であり、弓射騎兵の戦闘には、騎射戦から打物戦（落馬打物・馬上打物）そして組討戦へという流れがある。これも弓射騎兵が弓箭・太刀・腰刀を一括所持しているからで、弓箭と刀剣を同時に佩帯《はいたい》している場合は、物理的にもやはり弓箭使用が最初にならざるを得ない。また、騎兵が弓箭・太刀・腰刀を一括所持している点からも、当時の戦闘形態が騎兵主体の個人戦の時代であることがわかろう。

以上、『今昔』と『平家』の分析から、中世前期の戦士は、弓射騎兵と打物歩兵に弓射歩兵が加わったものといえる。そして、その弓射騎兵こそ中世武士であり、弓射騎兵に打物歩兵と弓射歩兵が加わり、武士団が形成されているのである。

では、かかる戦士の形態は中世前期特有のものなのか、特に中世武士が弓射騎兵であることは周知だと思われるが、その淵源《えんげん》はどこまで遡《さかのぼ》れるのであろうか。そこで、次に古代の騎兵と歩兵の様相をみていこう。

古代の騎兵と歩兵

弓射騎兵の伝統

騎兵成立の前提

騎兵と歩兵の成立を考えた場合、いずれの国でも歩兵のほうがその成立が早いであろう。なぜならば、当然のこととして、騎兵成立には、騎乗《きじょう》するための動物の家畜化と、騎乗具の成立が前提となるからであり、騎乗する動物の家畜化と騎乗具成立（あるいは導入）以前は、いずれの国でも戦士は歩兵しか存在しないからである。特に騎乗具の存在が騎兵成立の根元的な大前提となる。

騎乗する動物はさまざまであるが、背骨が屈伸しながら疾走する動物は騎乗には向かず、屈伸しない動物が騎乗に向く。その代表が馬であり、馬の騎乗具が馬具である。

そこで、馬具についてみると、馬具は、日本の中世以降の用語で、銜《くつわ》・鐙《あぶみ》・鞍橋《くらぼね》・手《た》綱《づな》・鞦《しりがい》・韉《したぐら》などのいろいろな装具からなっている。そのうち騎乗具としてもっとも重要で、かつ最初に発明されたのは、手綱を取り付ける銜である。手綱と銜は騎乗者の意志を馬に直接伝えるものであり、馬に騎乗する際は他の装具はなくても事足りるが（実際に銜だけで馬に騎乗している時代が長く続いた）、手綱と銜は必須である。

銜は、馬の口に噛《か》ませる啣《はみ》という棒と、その両端にあって、手綱や銜を馬の口に固定するための面懸《おもがい》を取り付ける鏡板《かがみいた》からなる。銜に相当する装備は革緒や縄などの場合もあるし、無口頭絡《むこうとうらく》といって、それらの緒で馬の口を縛っただけの場合もあるが、通常は金属製（特に鉄製）である。金属の棒を口に噛ませて、馬は苦痛を感じないのかと思うが、馬は、歯槽間縁《しそうかんえん》といって、前歯と臼歯《きゅうし》の間に歯のない部分があり、啣はその部分に噛ませる。そのため、啣を入れても苦痛を感じないのである。

銜は、馬に直接騎乗する場合だけでなく、馬車などのように車両を牽引させる場合にも必要であるが、歯槽間縁に啣を噛ませるために、馬車を含めて騎乗（利用）された馬では、臼歯側に啣による磨耗痕《まもうこん》が残る。この磨耗痕こそ銜を使用していた、つまりは馬に騎乗（利用）していたことの証拠となるという。

このような視点から、ウクライナのディレイフカという紀元前四千年頃の遺跡から発掘された、臼歯に磨耗痕のある馬の歯の遺物を根拠に、人類の馬利用（家畜化と騎乗）の起源を紀元前四千年頃とする説が出されたが、最近ではその馬の歯がもっと後の時代の遺物とわかり、その説は否定された。他の資料によると、馬の家畜化は前三千年頃には草原地帯で行われていたらしく、騎乗は前二千年頃の西アジアの都市地帯の図象が最古という。

日本の騎兵の成立

さて、日本の場合はどうであろうか。日本の馬利用は、諸外国よりもはるかに遅れ、馬と馬具は同時に、四世紀末頃に北九州に輸入されたようである。しかもその馬具は、銜・鐙・鞍橋などすべてが揃ったものである。しかし、その後の五世紀代の日本の馬具は、奈良・藤ノ木古墳から出土した馬具にみられるような餝《かざり》馬具であり（ただし、藤ノ木古墳そのものは六世紀後半の遺跡）、実用的な馬具が量産されるようになるのは五世紀末頃からで、騎兵の成立はそれ以後つまり六世紀以降と考えられている。そして、その騎兵はどうも弓《きゅうしゃ》射騎兵のようなのである。

その根拠は、当時の古墳からの出土品である。つまり当時の古墳からは、全国的に鉄札《てつざね》甲《よろい》（考古学でいう「挂甲《けいこう》」）・直刀《ちょくとう》・鏃《やじり》・馬具（銜・鐙）が一括で出土するという。重要なのは鏃と馬具のセットであり、古墳の被葬者は、鏃の存在から弓箭《ゆみや》を佩帯《はいたい》し、馬具の存在から馬に騎乗した騎兵、すなわち弓射騎兵となる。

もっとも、鉄札甲には、サンドイッチマンの看板のように前後の胴を肩上《わたがみ》でつなぎ、左右の間隙には脇楯《わいだて》という独立した部分を加えた、両当《りょうとう》系（裲襠《りょうとう》式とも）といわれる様式と、胴を一周し、胴の正面中央に引合《ひきあわせ》（甲《よろい》を着脱するための開閉部）がある方領《ほうりょう》系（胴丸《どうまる》式とも）といわれる様式の二種類がある。前者は草摺《くさずり》という甲の裾《すそ》の部分が四間に分割す

図5　武人埴輪　総高134.0cm　天理参考館蔵

るために、馬に騎乗しても前後左右がよく防御されるため、中国では騎兵用となっている甲である。一方、後者は、日本で発掘される鉄札甲の様式としては一般的なもので、草摺がスカート状に一連となっているため、騎乗すればその部分がめくれ上がってしまい防御の用をなさず、歩兵用と考えられる甲である。武人埴輪《ぶじんはにわ》は後者の様式の甲を着用しており、馬に騎乗した例はなく、しかも弓箭と直刀を佩帯している弓射歩兵である（前ページ図5）。したがって、出土品から騎兵の成立を説くには、甲の種類も見極める必要があると著者は考えるが、それにしても、鏃と馬具のセットでの出土はやはり弓射騎兵の存在を示唆するのであろう。

騎射の初見

考古学からの六世紀段階での騎兵の成立説を文献から傍証《ぼうしょう》すると考えられるのが、『日本書紀』（以下、『書紀』）雄略《ゆうりやく》天皇紀で、馬上からの弓射すなわち騎射《きしや》がみえる。その即位前年（安康《あんこう》天皇三年）十月条によれば、大泊瀬幼武天皇《おおはつせのわかたけのすめらみこと》（雄略天皇）が有力な皇位継承候補者であった市辺押磐皇子《いちのべのおしはのみこ》を、「将《まさ》に郊野《の》に逍遙《あそ》びて、聊《いささか》に情《こころ》を娯《たのし》びしめて騁《は》せ射《い》む」と誘い、皇子が同意して「馳猟《かり》」（馬による狩猟）をしている途中で、天皇が「弓を彎《ひきまかな》ひ馬を驟《は》せ」（つまり馬上からの弓射で）、偽って皇子を射殺したという。これが日本での騎射（馳射）の初見であろう。また、同じく雄略天皇四年二月条にも、天皇と一事主神《ひとことぬしのかみ》が「與《とも》に遊田《かり》を盤《たのし》びて、一《ひとつ》の鹿《しし》を駈逐《お》ひて、箭発《やはな》つことを相辞《こもごもゆづ》りて、轡を並べて馳」せたとあり、これも騎射（馳射）を行っている。

雄略天皇といえば、中国南北朝時代の史書『宋書《そうしょ》』倭国伝《わこくでん》にみえる、いわゆる「倭《わ》の五王」のうちの武《ぶ》に相当すると考えられている。武は四七七年から五〇二年の間に四度南朝諸王朝に遣使しているから、武が雄略だとすれば、雄略の在位は五世紀末から六世紀初頭ということになり、考古学からの考察による日本の騎兵成立の時期に重なってくる。

むろん『書紀』の記述を鵜呑《うの》みにはできないし、上記の二例は狩猟の記事であるから厳密には騎兵とはいえない。しかし、弓射騎兵の戦術といえば騎射であり、中世でもその日常的な鍛錬として最適なのは狩猟であるし、しかも時期的にも一致しており、文献から日本での弓射騎兵の成立を考えるうえで、示唆的な史料といえよう。

弓射騎兵の伝統と武具の変革

つまり日本の騎兵は成立当初からどうも弓射騎兵らしい。中世前期で騎兵が弓射騎兵であることの淵源《えんげん》は、この六世紀の成立当初の騎兵にまで遡れるようで、日本の弓射騎兵の伝統は、六世紀以来ということになろう。

なお、当時の古墳の被葬者は、国造《くにのみやつこ》などをはじめとする在地の首長クラスである。

また、五世紀中頃から六世紀にかけてが古墳時代の武具の変革期であり、この頃に成立・普及した武具の様式が、おおむね律令制下に継承される。特に甲は、それまでの鉄板製の甲（考古学でいう短甲《たんこう》）が消滅し、先にみた鉄札甲が成立する時期であり、以後の日本の甲は、中世にわたって札《さね》製を基本としている（むろん札の形状そのものは古代と中世で大きく変化しているが）。武具の変革は騎兵（弓射騎兵）の成立と関係があるのかもしれない。

文献の騎兵

周知のように、六四五年の乙巳《いっし》の変（近年の学会では「大化の改新」を六四五年の干支《かんし》からこうよぶ）以後、日本は律令《りつりょう》国家への道を歩み出す。その過程で起こった大きな事件が、六七二年六月の壬申《じんしん》の乱である。乱については『書紀』同年六・七月条に詳細な記述があるが、それによれば、乱において騎兵が活躍している様子がうかがえる。しかし、その騎兵が使用した武具が、弓箭か打物《うちもの》かといった具体的な記述はなく、そのため、かれらが弓射騎兵なのか打物騎兵なのかはわからない。

しかし、その後、乱に勝利して、即位した天武天皇は次のような詔《みことのり》を出す。

『書紀』天武天皇十三年（六八五）閏四月丙戌（五日）条

詔して曰《い》はく、凡《およ》そ政要《まつりごとのぬみ》は軍事なり、是を以《も》て、文・武官の諸人も、務《つと》めて兵《つはもの》を用ゐ、馬に乗ることを習へ、則ち馬・兵并《あわせ》て当身《みみ》の装束《よそひ》の物、務めて具に儲《つぶさ》へ《そな》足せ、

其れ馬有らむ者をば騎士《うまのりびと》とせよ、馬無からむ者をば歩卒《かちびと》とせよ、並に当《まさ》に試練《ととの》へて、聚《あつま》り会《つど》ふに障《さわ》ること勿《なか》れ、

天皇は、政治の枢要《すうよう》は軍事であるから、文・武官の諸人（つまり律令官人）に対し、「兵」（ここでは兵器）の使用と乗馬の訓練を命じ、馬を所有する者は「騎士」つまり騎兵とし、馬を所有しない者は「歩卒」つまり歩兵として、ともに訓練せよというのである。これは天皇の政治方針を示したものだが、騎兵と歩兵の区別がはじめて明確に示された史料といえる。

かかる天武天皇の方針を受け継いだ持統天皇は、やはり次のような詔を出した。『書紀』持統天皇七年（六九三）十月戊午（二日）条

今年より、親王より始めて、下進位《しもしんゐ》に至るまでに、儲《もう》くる所の兵を観《みそなは》さむ、浄冠《じやうくわん》より直冠《ぢきくわん》に至るまでは、人ごとに甲《よろい》一領・大刀《たち》一口・弓一張・矢一具・鞆《とも》一枚・鞍馬《くらおけるうま》、勤冠《ごんくわん》より進冠《しんくわん》に至るまでには、人ごとに大刀一口・弓一張・矢一具・鞆一枚、如此《かく》預《あらかじ》め備へよ、

ここでいう「兵」も兵器のことで、皇族・諸臣（律令官人）の当時の身分制による具体的な兵器装備を規定したのである。史料をそのままに解釈すれば、鞍馬を装備する浄冠〜

直冠は騎兵であり、その兵器は甲・大刀・弓箭であるから弓射騎兵、勤冠～進冠は、鞍馬の規定がないから歩兵と考えられ、その兵器は大刀・弓箭であるから弓射歩兵となり、この史料が、日本での弓射騎兵と弓射歩兵の存在を示す文献上の初見ということになろう。

律令制下の騎兵と歩兵――律令の解釈から

律令

八世紀に入ると、日本の律令《りつりょう》制はひとつの画期を迎える。大宝《たいほう》元年（七〇一）に大宝律令、養老《ようろう》二年（七一八）に養老律令が制定されて（ただし、養老律令の実施は天平宝字《てんぴょうほうじ》元年〈七五七〉）、律令制を運営していくうえでの根本法典が整ったからである。ちなみに、今日でいえば、律は刑法に該当し、令は民法や行政法に相当する。

もっとも律令はあくまで基本法典であって、それだけでは実際に律令制を運営していくことはできず、律令で規定された事項も、奈良時代を通じて流動的に変化している。したがって、律令の規定だけを分析しても、当時の実状にそぐわない面もでてくるのだが、それにしても、律令（特に令）の規定は基本であるから、ここでは、まず令の規定の分析を中心として、律令制下の騎兵と歩兵について考えてみたい。

武官と公服

律令国家というのは、軍事国家であり、律令をはじめ当時の文献には、武具や軍事関係の記述が豊富で、律令官人も、男子は武官《ぶかん》と文官《もんかん》に分けられた。

公式令《くしきりよう》内外諸司条によれば、

五衛府《ごえふ》・軍団、及び諸の仗帯《ぢやうたい》せらむをば、武《ぶ》と為《せ》よ、（中略）自余をば並に文《もん》と為よ、

とあって、武官は、五衛府と軍団、および「諸の仗帯せらむ」者をいう。「諸の仗帯せらむ」者とは、天長十年（八三三）に成立した官撰の令の注釈書である『令義解《りようのぎげ》』（以下、『義解』）によれば、「馬寮《めりよう》・兵庫《ひようご》等是なり」とあり、官馬を管理する馬寮の官人、武具を管理する兵庫寮の官人であるという。つまり、武官とは、律令制下において、軍事・警察関係を担当し、公の職掌として武具を佩帯《はいたい》する官人たちのことであり、それ以外はすべて文官だというのである。

かかる武官の中心となるのが、五衛府である。五衛府は、天皇・宮城および京内を警衛する軍事・警察機関で、衛門府《えもんふ》・左右衛士府《えじふ》・左右兵衛府《ひようえふ》という五つの役所から構成さ

れ、各衛府は督《かみ》・佐《すけ》・尉《じょう》（大尉・少尉がある）・志《さかん》（大志・少志がある）の四等官《しとうかん》制をとり、最下級に舎人《とねり》がいて、その舎人は、衛門府・左右衛士府では衛士、左右兵衛府では兵衛という。

一方、律令制下では、皇族および律令官人は、公務には男女ともに身分や職掌で定められた公服《こうふく》を着用しなければならない。この公服の規定が衣服令《いぶくりょう》で、衣服令によれば、公服には、礼服《らいふく》・朝服《ちょうふく》・制服がある。礼服は、皇太子以下の皇族と五位以上の上級官人が、即位式などの重要な儀式で着用する特別な公服で、朝服は、皇族とすべての有位の官人が、日常公務に着用する一般的な公服である。また制服は、無位や官人以外の公服をいう。舎人である衛士や兵衛は無位だが、武官には制服の規定はなく、礼服や朝服に武具を佩帯した。

朝服の武具

佩帯武具は身分や状況で異なる。一般的な公服である朝服の場合を衣服令武官朝服条でみると、日常公務である「朝庭公事《ちょうていくじ》」と特別な警衛を必要とする「会集等日《えしふとうび》」に分かれる。「朝庭公事」では、四等官と主帥《しゅそち》（四等官の下に位置する指揮官）は横刀《たち》（衣服令の表記のままとする）、兵衛は横刀と弓箭《ゆみや》、衛士は同じく「朝庭公事」でも、「尋常」は横刀と弓箭、やや改まった「朔《さく》・節日《せちび》」は横刀と、弓箭または槍《ほこ》

（古代・中世では「ほこ」で、「やり」と訓読するのは近世以降の誤用）である。「会集等日」には、尉・志が裲襠《りょうとう》という儀仗《ぎじょう》の甲《よろい》に横刀と弓箭、主帥が挂甲《うちかけのよろい》という兵仗《ひょうじょう》の鉄札甲《ざねよろい》に横刀と弓箭、兵衛が挂甲に横刀と弓箭と槍、衛士が挂甲に横刀と、弓箭または槍となる。

つまり日常公務である「朝庭公事」では、弓箭の規定があるのは舎人だけだが、特別な警衛を必要とする「会集等日」には、督・佐以外のすべての武官に弓箭が加わるのである。ただし、兵衛と衛士では槍も加わる。といっても、弓と槍を同時に佩帯することは物理的に難しいから、槍を持てば弓箭は佩帯しないであろう。事実、衣服令の原文では、衛士では、「弓箭、若《も》しくは槍帯せ」とあり、弓箭か槍のどちらかとある。しかし、兵衛では、「弓箭帯せ、（中略）会集等の日は、挂甲加へ、槍帯せ」とあり、弓箭にさらに槍を加えるようにも解釈できる。

しかし、惟宗直本《これむねのなおもと》が貞観《じょうがん》年間（八五九〜八七六）に編集した『令集解《りょうのしゅうげ》』（以下、『集解』）という私撰の令の注釈書にも解釈されているように、衛士と同様に、弓箭か槍のどちらかということであろう。

六衛府制での武具

大宝令・養老令で定められた五衛府制は、奈良時代の変遷を経て、平安初期には、左右近衛府《このえふ》・左右衛門府《えもんふ》・左右兵衛府《ひょうえふ》からなる六衛府制に変化し、以後は変化なく明治まで定着する。

ところで、律令制を実際に運営していくうえでの施行細則を式《しき》というが、式のうちもっとも最後の延長五年（九二七）に撰進された『延喜式《えんぎしき》』をみると、左右近衛府・左右衛門府・左右兵衛府の各式に、六衛府制での武官の装束が、儀式の重要度で大儀《たいぎ》・中儀《ちゅうぎ》・小《しょう》儀《ぎ》に分けて記されている。

その佩帯武具を、大儀での左右近衛府の場合でみると、左右近衛府は四等官制ではなく、大将・中将・少将・将監《しょうげん》・将曹《しょうそう》・府生《ふしょう》・近衛に分かれるが、少将以上（四等官制での督《かみ》・佐《すけ》に相当）は、横刀（『延喜式』の表記のまま）のみで弓箭の規定はない。これに対し、少将のうちでも天皇の身辺を特別に警護する「御輿《みこし》に供奉《ぐぶ》する少将（供奉御輿少将）」と将監・将曹・府生・近衛は横刀と弓箭で、甲《よろい》も「供奉御輿少将」と府生・近衛は挂甲《うちかけよろい》となる（左右近衛府大儀条）。

この大儀での身分ごとの佩帯武具の相違は、左右衛門府・左右兵衛府でも同様で、督・佐は横刀だけで弓箭の規定がないの対し、尉以下は横刀と弓箭である（左右衛門府・左右兵衛府各大儀条）。さらにこれは中儀・小儀でも同様の傾向を示す（六衛府各中儀・小儀条）。

つまり五衛府制と同様に、やはり警衛の実務が重くなる「供奉御輿少将」や下級武官には弓箭の規定が加わり、下級武官は小儀のような日常的な儀式でも弓箭を佩帯する。

これが、諸儀式のうちで警衛の実務がもっとも重くなる行幸《ぎょうこう》（天皇の内裏からの出向）になると、武官最上位の左右近衛大将以下のすべての武官に弓箭佩帯の規定が広がるのである（六衛府各行幸条）。

この左右の近衛大将以下すべての武官が弓箭を佩帯して行幸に供奉する様は、『年中行事絵巻』朝覲《ちょうきん》行幸（天皇が父母のもとへ年始の挨拶に行く行幸）の場面に鮮やかに描き出されている（図6）。これによれば、上位者は騎馬、下位者は徒歩の供奉であるから、上位者は弓射騎兵《きゅうしゃ》、下位者は弓射歩兵ということになる。

なお、『延喜式』では槍の規定はまったく消えている。これは、『延喜式』当時、槍が実戦的には（つまり兵仗としては）使用されなくなり、もっぱら威儀的武具（儀仗）となったことの反映と考えられる。

律令制下の弓箭の位置と「便弓馬者」

つまり律令制下では、身分にしろ行事にしろ警衛の実務が重くなるほどに弓箭の規定が加わることがわかるであろう。有事の武具として弓箭が重視され、有事には弓箭が武官の象徴となっているのである。弓射騎兵である中世武士が、弓箭を象徴としたことは改めていう必要はなかろうが、

図6　行幸に供奉する近衛次将

紫宸殿南庭。画面右端，青色《あおいろ》の御袍《ごほう》の束帯《そくたい》姿の天皇が，左右に宝剣と神璽《しんじ》を捧持した内侍《ないし》を従えて出御する。画面上方に座するのは関白であろう。駕輿丁《がよちょう》が担ぐ鳳輦《ほうれん》(頂上に鳳凰を飾った天皇用の輦)が南階に近づき，その周りを近衛次将《このえししょう》達が警衛する。その左右にはやや離れて，左右の近衛大将が随身《ずいしん》を従えて立つ。画面下端に列立するのは公卿達である。大将・次将・随身らはみな弓箭を佩帯し(大将・次将は平胡籙《ひらやなぐい》，随身は狩胡籙《かりやなぐい》)，劔《たち》を佩く。劔は文官の公卿も佩くが，弓箭は武官だけで，列立する公卿のなかで弓箭を佩帯するのは，宰相《さいしょう》中将《ちゅうしょう》などの武官兼任の文官である。『年中行事絵巻』朝覲行幸(個人蔵)より。

中世武士成立以前に、弓箭は武官の象徴だったのである。それは十世紀以降に、公家の弓箭や衛府官そのものが儀仗化しても続いていくが、それが図6に反映されているのである。ところで、同じ五衛府制の舎人でも、兵衛と衛士では性格が異なっている。衛士についてはのちにみるが、律令制下の軍事規定の根幹をなす軍防令《ぐんぼうりょう》をみると、兵衛は次のような基準で選考されている。

①軍防令兵衛条

凡《おほよ》そ兵衛は、国司、郡司の子弟の、強《こは》く幹《つよ》くして、弓《く》馬《め》に便《びん》ならむ者《ひと》を簡《えら》びて、郡別に一人貢せよ、

②同令内六位条

凡《おほよ》そ内六位以下、八位以上の嫡子、年二十一以上にして、（中略）身材強幹《しんざいがうかん》にして、弓馬に便ならば、中等と為よ、（中略）中等をば兵部に送りて、試練して兵衛と為よ、

これらによれば、兵衛は、身分的には、地方では郡司子弟から（①）、中央では六位以下八位以上の律令官人の嫡子のうち二十一歳以上から（②）、選考することになっており、その資質としては、身体が強幹であることとともに、「弓馬に便（便弓馬）」なることが条件となっている。つまり「便弓馬者《くめにびんなるひと》」が兵衛となるのである。

これは、六衛府制の左右近衛府や左右兵衛府の舎人である近衛や兵衛の選考基準でも同様である。『延喜式』には、

③兵部省近衛条

凡そ近衛・兵衛は、本府簡《えら》び試し、省ならびに式部《しきぶ》位子《いし》、留《りゅう》省《しょう》勲《くん》位《い》等、弓馬を習ふに便あらむ者、奏聞してこれを補せ、

④左右近衛府擬近衛条

凡そ近衛に擬する者、預《あらかじ》め弓馬を習ふに便あらむ者を択《えら》び定めよ、

とあり、いずれも「便習弓馬者」を採用する規定である。

この「弓馬」とは、中世では騎射と同義の武士を象徴する用語で、これに従えば「便弓馬者」とは、騎射に優れた者つまり弓射騎兵となる。しかし、『義解』によれば、「弓馬」とは、「弓は歩射《ぶしゃ》なり、馬は騎射なり」とあり、騎射・歩射を含めた弓射全般をいうようで、これにしたがえば、令にみえる「弓馬」という用語は必ずしも騎射に限定できなくなる。しかも兵衛や近衛は舎人であるから、身分的には騎兵だけとは限らない。つまり「便弓馬者」とは、弓射騎兵と弓射歩兵の両方ということになる。

事実、『延喜式』をみると、④の後半の規定で、

勅使を遣はし、其の才芸を試みる、騎射は一尺五寸の的、皆中《あ》たれば及第と為《な》し、歩射は四十六歩十箭、的に中たる四已上《いじょう》は及第と為せ、

とあり、近衛候補は騎射（これはのちに述べる競技としての「うまゆみ」であろう）と歩射の両方の技能が試されているし、また左右兵衛府擬兵衛条にも同様の規定がある。さらに兵部省功過相折条に「凡そ諸衛人等、兼ねて歩射・騎射に預かりて、互ひに功過《こうか》有り」とあるように、六衛府制の近衛と兵衛は、その能力が騎射と歩射で試され、同時にその功過（勤務評価、これは衛門府も含む）も騎射と歩射の実力で判断されたのである。

さて、中央の五衛府制に対し、律令制下の軍事の根幹をなすのが律令軍団制である。

律令軍団制と「便弓馬者」

周知のように、律令制下では、正丁《せいてい》とよばれる二十一〜六十歳の成人男子には、二段の口分田《くぶんでん》が与えられた（戸令《へりょう》三歳以下条・田令《でんりょう》口分条）。軍防令簡点条によれば、律令軍団制は、この口分田を与えられた正丁を、一戸から三人に一人の割合で徴兵し、本貫《ほんがん》（出身地）近くの軍団に送って、兵士として上番させる制度である。

軍団は各国に複数設置されていたようで、職員令《しきいんりょう》軍団条や軍防令軍団大毅《たいぎ》条によれば、一軍団は兵士千人をもって構成され、軍団全体を大毅が指揮（統領《とうりょう》という）し、大毅の補

佐として少毅《しようぎ》二人、以下、兵士各二百人を統領する校尉《こうい》五人、各百人を統領する旅帥《ろそち》十人、各五十人を統領する隊正《たいしよう》二十人がおり、軍防令兵士為火条によれば、兵士は十人ごとに一火《か》として把握されるという組織的な軍隊である。

かかる律令軍団制は、天智《てんじ》天皇二年（六六三）の白村江《はくそんこう》の敗戦や壬申《じんしん》の乱を経験した天武天皇のもと、飛鳥浄御原令《あすかきよみはらりよう》で成立し、大宝令で整備されたもので、その組織的な構成からもわかるように、集団歩兵制を柱とするといわれている。

ところが、軍防令隊伍条によれば、

凡そ兵士は、各隊伍為《つく》れ、弓馬に便ならむ者をば、騎兵隊と為よ、余をば歩兵隊と為よ、

とあり、一般集団歩兵とは別に、「便弓馬者」で構成される騎兵隊が想定されていた。しかも「便弓馬者」を騎兵隊に編成するのであるから、この騎兵は弓射に優れた騎兵つまりは弓射騎兵にほかならない。

また、同じく軍防令軍団大毅条（前掲の軍団大毅条とは別条）には、

凡そ軍団の大毅・小毅には、通ひて部内の散位《さんゐ》・勲位《くんゐ》、および庶人の武芸《ぶぎ》称すべき者を取りて充てよ、それ校尉以下には、庶人の弓馬に便ならむ者を取りて為よ、

とあり、校尉以下の旅帥・隊正などの指揮官は、庶人つまり兵士のなかから「便弓馬者」が選ばれたのである。隊伍条にしたがえば、かれらも弓射騎兵となる。換言すれば、一般兵士は弓射騎兵に統率されることになる。一般論としても、歩兵よりも馬に騎乗している騎兵のほうが身分的には上位となるから、指揮官が騎兵であるのは理解できよう。

その意味では、大毅・小毅は「武芸称すべき者」とあり、「便弓馬者」とはないが、かれらも騎兵であろう。事実、五衛府制の兵衛は、中央での勤務を経た後に帰郷し、郡の大領・少領や、軍団の大毅・小毅になるものが多いという。この兵衛の選考基準は「便弓馬」であるから、大毅・小毅もやはり弓射騎兵であることが想定できよう。また、職員令軍団条によれば、大毅・小毅の職掌のひとつに、一般兵士に対する「弓馬講習」がある。講習する側の大毅・小毅が「便弓馬者」でなければ、講習することはできないであろう。

つまり、集団歩兵制を柱とするといわれている律令軍団制ではあるが、そのなかには「便弓馬」なる騎兵、つまり弓射騎兵も想定されていたのである。

衛士

以上のように、令や式の規定をさぐると、五衛府制の兵衛や六衛府制の近衛・兵衛、軍団の指揮官、そして一般兵士にさえ、「便弓馬者」が求められ、そのなかに弓射騎兵が想定されていることがわかる。では、五衛府制の衛士の場合はどうであろうか。

同じ五衛府制の舎人でも、衛士は、兵衛とは異なり、軍団兵士が中央に送られて上番《じょうばん》した（軍防令兵士上番条）。なお、軍団兵士のうち九州に送られたのが防人《さきもり》である（同条）。したがって、兵衛の選考基準が「便弓馬」であるのに対し、衛士は兵士と同様であるから、必ずしも「便弓馬者」だけではないことになる。

ところで、軍防令衛士上下条には、

凡そ衛士は、（中略）当府にして弓馬教へ習はし、刀用《たち》ゐ、槍弄《と》り、および弩《おおゆみ》発ち、石抛《ほう》せしめよ、

とあり、衛士の軍事訓練の内容が記されている。内容は、弓馬（弓箭と馬術）・刀・槍・弩・石抛であるが、これはそのまま律令制下の攻撃具の総体といえる。このうち「刀」は、中世のように短刀（つまり「かたな」）ではなく、当時では「たち」のことで、弩は機械仕掛けで大矢を飛ばす装置で、軍防令軍団条によれば、軍団一隊ごとに弩を操作する弩手《どしゅ》二人が兵士のなかから選考された。最後の「抛石」とは、『義解』によれば、「機械を作りて、石を擲《なげう》ち、敵を撃つ者也」とあり、ただの飛礫《ひれき》（投石）ではなく、機械仕掛けで岩石を飛ばす装置（抛石機《ほうせきき》）をいう。なお、弩は「いしゆみ」と訓読され、抛石機と誤解されるこ

とがよくあるが、弩の正しい和訓は「おおゆみ」であり、上記のように大矢を飛ばす装置で、拋石機ではない。

ちなみに、日本でいう弩とは、中国では「床子弩《しょうしど》」というようで、逆に中国で「弩」というと、日本では「手弩《しゅど》」（『日本三代実録』元慶五年〈八八一〉四月二十五日条など）といい、個人使用のもの（英語で、ボウガン）をいう。なお、この手弩らしき遺物が、三世紀頃とみられる島根・姫原西《ひめはらにし》遺跡より出土している。

つまり衛士は、すべての攻撃具を訓練することが規定されているわけだが、そのうち個人使用の武具は、弓箭・刀（「たち」）・槍である。ここで、衣服令にみえる衛士の佩帯武具を改めて記すと、「朝庭公事」のうち「尋常」は横刀と弓箭、「朔・節日」では横刀と弓箭または槍、「会集等日」も、横刀と弓箭または槍であった。また、弓箭と槍を同時佩帯することは物理的に難しいことも述べた。しかも、衛士は必ずしも「便弓馬者」だけではないわけだから、すべての攻撃具の訓練をしても（あるいはその訓練で衛士各自の得手・不得手も判明したことであろう）、その佩帯武具は、「たち」は共通するとして、やはり「便弓馬者」が弓箭を佩帯し、そうでない者が槍を佩帯したのではなかろうか。

兵士の武具

兵士はどうであろうか。軍防令備戎具《びじゆうぐ》条によれば、

凡そ兵士は、（中略）人毎に、弓一張・弓弦袋《ゆんづるぶくろ》一口・副弦《そへづる》二条・征箭《そや》五十隻《せき》・胡籙《やなぐい》一具・大刀一口・刀子《かたな》一枚・砥石《といし》一枚、（中略）皆自ら備へしめよ、

とあり、兵士は武具を「自備」して軍団に赴《おもむ》くことになっていた。一般班田《はんでん》農民である兵士がどのようにして武具を自備したかは議論が必要だが、どう自備したにしろ、その武具の内容は、弓箭（弓・弓弦袋・副弦・征箭・胡籙）・大刀・刀子である。ただし、「刀」が当時「たち」であったのに対して、刀子が「かなた」であり、短刀に相当するが、当時の短刀は工具としての要素もあり、必ずしも武具に限定できない。なお、砥石が加わっているこ とが注目され、鏃《やじり》や刀剣は兵士各自で研《と》いだことがわかる。

いずれにしろ、このままの武具構成では、兵士は、「便弓馬者」が弓射騎兵となり、それ以外が弓射歩兵ということになる。しかし、兵士の個人使用の武具は、衛士と同様に、弓箭と大刀だけでなく、槍も加わったであろう。というのも、槍はその機能や使用方法から、集団歩兵戦には最適の武具と考えられるからである。

「ほこ」の機能と使用法

「ほこ」は長柄《ながえ》と総称される柄《え》の長い刀剣の一種で、刺突《しとつ》を主機能とする。この和訓で「ほこ」とよぶ長柄の刀剣と類似する刺突用の武具は、古代以来、全世界的に使用されており、日本でも南北朝期以降、「ほこ」に類似する鑓《やり》という新しい長柄が成立する。「ほこ」と鑓の関係については、次章で詳しくふれるのでそれに譲り、ここでは「ほこ」についてのみふれる。

「ほこ」類似の長柄の刀剣は、日本では、紀元前二世紀前半に青銅製のものが現われ、その一世紀後には、鉄製のものが現われ、青銅製のものは祭器化する。これらは、中国では「矛《ぼう》」と表記される様式である。三世紀段階になると、鉄製の茎《なかご》式で茎を柄に差し込む様式が現われる。これは後世の鑓と同様の様式であるから、考古学では「ヤリ」と命名しているが、南北朝期以降の鑓とはなんら関係なく、「ヤリ」という命名そのものが不適当であると筆者は考える。むしろこれは、中国では「鈹《ひ》」と表記される様式である。

これに対し、五世紀以降には、茎の部分をソケット状にした穂袋《ほぶくろ》式で、穂袋に柄を差し込む新しい様式が現われ、その刀身は両刃《もろは》で、断面が菱形の両鎬造《もろしのぎづくり》か三角形の三角造となる（三角造のほうが新しい構造という）。これが律令制下に継承され、律令制下以降で「ほこ」という和訓で呼ばれる構造である。

この「ほこ」という和訓に対する漢字表記は、本書ではこれまで、軍防令などの記載に則り、「槍」と表記してきた。しかし、実際は日本の史料にみえる「ほこ」に対する漢字表記はさまざまで、槍のほかにも鉾・桙・矛などがある。すでに一部示したように、本場の中国ではさらに多く、また表記ごとに構造も異なるが、日本ではその区別はあいまいで、中国では構造的には「ほこ」とは異なる戈《か》や戟《げき》などの表記も、日本では「ほこ」と訓読されている。

ただし、槍は、軍防令衛士上下条の『義解』によれば、「木の両頭の鋭き者、即ち戈の属也」とあり、刀身を加えずに、ただ木製の柄の両端を鋭く削ったものをいうようである。これは必ずしも絶対的な解釈とはいえないが、衛士などが佩帯した槍は、あるいはこうした簡易な様式のものであったかもしれない。

ところで、諸外国では、「ほこ」類似の刺突用の武具は、騎兵・歩兵ともに使用され、その使用法は、①左手に楯を持って右手で突く（中国では「矛盾」の熟語を生む）、②投げつける、③両手で支えて突き出す、④同じく両手で支えて突き進むなどである。このうち①は、ヨーロッパ中世の騎士の使用に象徴され、②は、本書の冒頭でみたように、飛道具としての使用であるが、四例いずれの使用法も騎兵・歩兵ともに可能である。

しかし、そのなかでも③と④は、どちらかといえば歩兵に適した使用法で、また操作が技術的にも単純であり、軍事的素養のない一般班田農民から徴兵された兵士を、一律に訓練するためには最適であったと思われる。太平洋戦争中の「竹ヤリ」の練習のようなものである。しかも「ほこ」の攻撃の方向は、前方を中心に一方向だけであるから、単独使用では攻撃の効果は低く、集団で使用してこそより効果を発揮すると思われる。かかる意味で、「ほこ」は集団歩兵制に最適の武具と考えられるのである。

禁兵器

では、「ほこ」は、このように集団歩兵制に最適の武具でありながら、なぜ兵士自備の武具のなかにないのか。まして『義解』の解釈のように、槍が木柄の両端を削っただけの簡易なものであるならば、弓箭や大刀よりもはるかに自備しやすくなろう。しかし、自備でなければ官備（官給）でしかなく、『集解』でも、衣服令武官朝服条に対して、槍は挂甲などとともに、「官備」という解釈を示している。

そこで注目されるのが、軍防令私家鼓鉦条の「凡そ私家には、鼓鉦《くしやう》・弩・牟《む》・矟《さく》・具《ぐ》装《しやう》・大角《だいかく》・小角《せうかく》及び軍幡《ぐんばん》有ること得じ」という規定である。このうち鼓鉦・大小の角（角笛）・軍幡などは軍団の指揮具である。また、『義解』によれば、牟は「二丈の矛」、矟は「丈二尺の矛」とあるように、ともに長寸の「ほこ」で、具装は「馬甲」とある。これらは賊盗律《ぞくとうりつ》禁兵条に「禁兵器《きむひやうき》」とあり、盗んだ者に対する「徒《ず》一年半」（禁固一年半、弩・具装は「徒二年」）の罰則が定められ、また、擅興律《せんこうりつ》の逸文（『法曹至要抄《ほつそうしようしよう》』所収）によれば、私有した者に対する「徒一年」の罰則も定められていた。

一方、軍防令簡閲戎具条に「凡そ国司は、年毎に孟冬《まうとう》に、戎具簡閲《にうぐけんえつ》せよ」とあり、国司は毎年孟冬（十月）に民間の「戎具」を検閲することになっており、それを『伯姓器仗《はくせいきじよう》帳《ちよう》』という文書にまとめ、所有状況を中央に報告することになっていた。その戎具とは、『義解』によれば、「国内の百姓随身《ずいじん》する弓箭・刀剣等の類也」とあるように、国内百姓が所持する弓箭や刀剣類であった。そしてこれらは、賊盗律禁兵条には、禁兵器に対して「余兵器」として、「是官の兵器と雖《いえど》も、私家に有り合ふ者」とあるように、私家に所有してよい兵器であった。つまり、律令制下では個人佩帯の武具のうち弓箭と刀剣（大刀や刀子）は私有してよく、だからこそ兵士自備の武具であったのである。

これに対し、牟・矟などの長寸の「ほこ」類は私有が禁じられた。兵士や衛士の「ほこ」は、牟や矟ではないが、兵士自備の武具に「ほこ」がなく、衛府官の槍を官備とする『集解』の解釈は、これに連動するものと思われる。

正倉院の「ほこ」

ところで、正倉院には、「ほこ」の遺品が三十三点伝世《でんせい》し、いずれも柄と刀身が揃っていて貴重であり、古代の「ほこ」を考察するための基準となる。まず柄からみると、三十三点のうち二十九点が木を芯《しん》に割竹で包んだ打柄《うちえ》であり、残りの四点が木製である。打柄は、柄全体を糸巻・黒漆塗《うるしぬり》・韋巻《かわ》（一点のみ）などとし、柄の把握部分をさらに糸・韋・銅線（一点のみ）などで巻いたものも多い（図7）。

打柄には巻が施され、木柄には巻が施されていないということは、その巻は、一面では打柄の木と竹を分離させせないための処理という解釈もできるが、柄の滑り止めの効果も大きい。しかも、巻が施された遺品の大部分は、柄の上下に約金《せめがね》を入れ、柄の把握部分を明示しており、特に、柄全体を韋巻とし、把握部分を糸巻とした遺品、柄全体を黒漆塗とし、把握部分をそれぞれ皺韋《しぼがわ》巻・糸巻・銅線巻とした遺品は、把握部分の巻が滑り止めであることを明示している。さきにみた「ほこ」の四例の使用法を考えると、いずれの場合にも、柄に滑り止めが施されていたほうが有利であることは理解できるであろう。

一方、刀身は、三十三点いずれも穂袋造で、うち二十八点が両鎬造（変形のものも含む）で（図7）、五点が三角造であり、両鎬造のうち十三点には、鎌状の鎬造の枝が付く有枝《ゆうし》のものである（図8）。この有枝の遺品十三点は、明治に入って行われた正倉院遺品

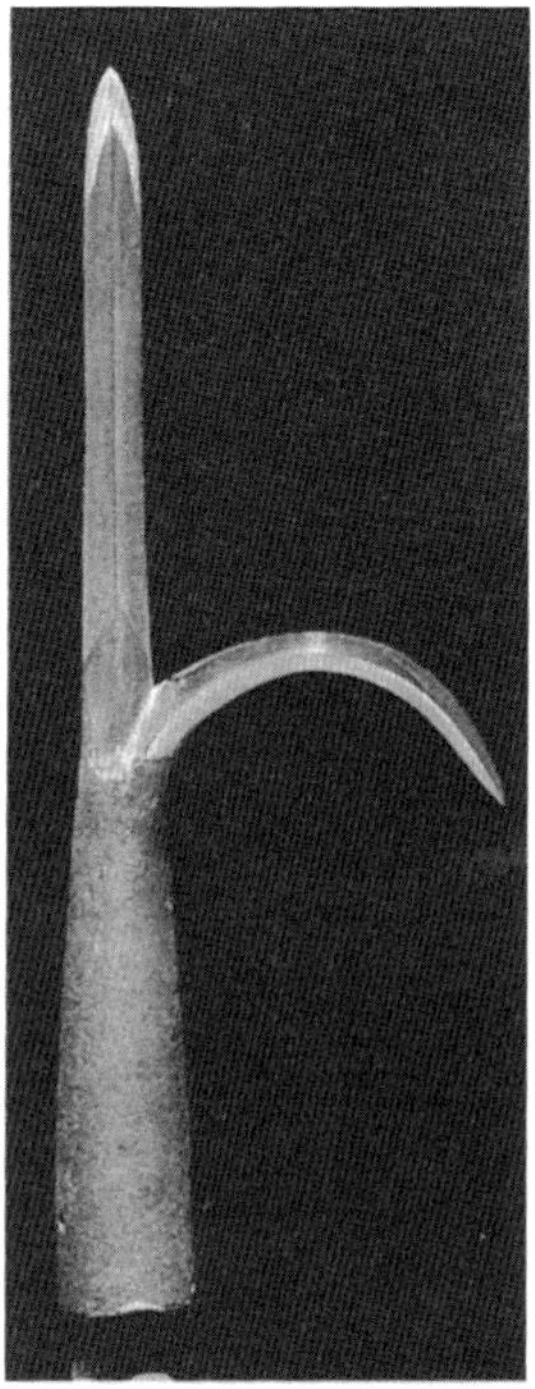

図８　鉾６号（正倉院宝物）　刀身26.4cm　正倉院（中倉）蔵

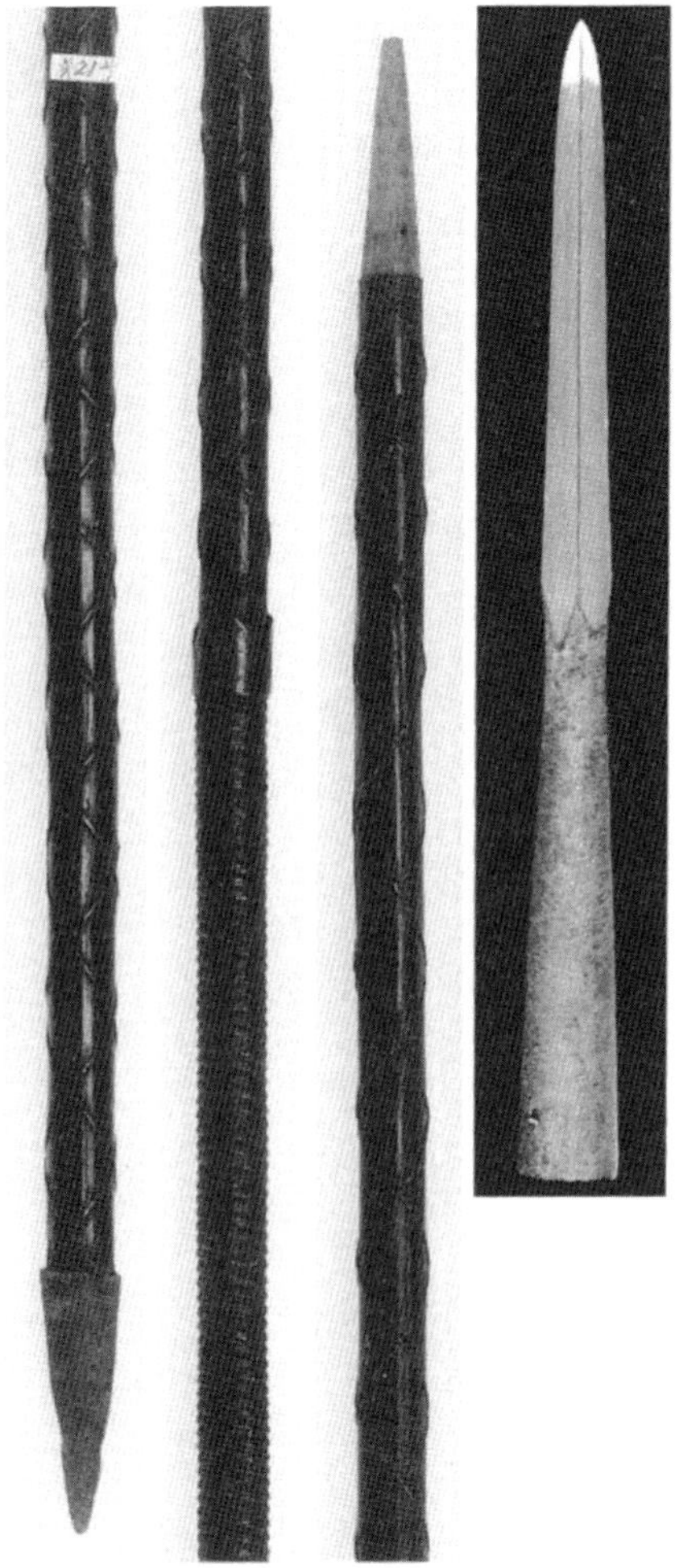

図７　鉾21号（正倉院宝物）
柄414.0cm　刀身30.7cm　正倉院（中倉）蔵

の大調査で、「鉾」と命名されたが、これらを鉾と命名することには疑問もある。理由は、中国の戟《げき》に類似しているからだが、枝の湾曲が戟とは逆の鎌状である点を考慮すると、『日本三代実録』元慶《がんぎょう》五年（八八二）四月二十五日条には「鎌槍《かまぼこ》」の名称がみえ、これこそ有枝の遺品に相応《ふさわ》しい名称であると著者は考えている。なお、この有枝の「ほこ」は、中国では「鉤鎌槍《こうれんそう》」と表記するらしい。まさに「鎌槍」である。

打物騎兵存在の可能性

この三十三点の寸法は、刀身は総長一尺前後の短寸であるが、柄はすべてが一丈を超える長寸であり、最長が一丈四尺一寸、最低でも一丈三寸である。禁兵器の矟は、その構造は不明だが、『義解』によれば寸法は一丈二尺であるから、寸法からすれば正倉院の遺品は矟に近いことになる。しかも、中国漢代の辞典である『釈名《しゃくめい》』釈兵によれば、「矛の長さ丈八尺を矟と曰《い》ふ、馬上に持つ所なり」とあり、矟は中国では騎兵用の「ほこ」のようである（「馬矟」とも表記する）。そこで、正倉院の遺品は騎兵用であった可能性も出てくる。

正倉院遺品が、仮に騎兵用であったとすると、くり返しになるが、「ほこ」と弓箭の同時佩帯は物理的に難しいから、律令制下には、弓箭を佩帯せずに、「ほこ」を佩帯する騎兵、つまり打物騎兵が存在した可能性も出てくる。

しかし、正倉院の「ほこ」は、寸法的には、確かに中国では騎兵用であったらしい矟に該当するが、仮に同類のものでも、『義解』には馬上使用が説かれていないように、中国と使用法が同じであったとは必ずしもいえない。また、有枝の遺品と無枝の遺品は刀身の構造が明らかに違うわけだから、それらを一括して矟との関係を考えることもできない。さらに、巻が施された遺品の大部分は、柄の上下に約金を入れ、柄の把握部分を明示し、しかもその把握部分の範囲は広く、両手使用が想定できる。「ほこ」の両手による使用（前述の③④の使用法）は、どちらかといえば歩兵の使用に適していると考えられるから、正倉院の遺品も歩兵使用のものと解釈できるのではなかろうか。

そして、何よりも衛府官や軍団関係者にあれほど「便弓馬者」を求める国家意識があったのだから、やはり律令制下の騎兵は弓射騎兵で、打物騎兵は存在しなかったものと考えられる。

ただし、『続日本紀《しょくにほんぎ》』（以下、『続紀』）文武《もんむ》天皇三年（六九九）九月辛未（二十日）条には、次のようにみえる。

詔《みことのり》して、正大弐《しょうだいに》已下《いか》無位已上《いじょう》の者をして、人別に弓・矢・甲・桙《ほこ》及び兵馬を備えしむ、各差有り、又、京畿に勅して同じく亦之を儲けしむ、これは、さきにみた『書紀』持統天皇七年（六九三）十月戊午（二日）条に続く、律令官人の武装について規定したものだが、ここにみえる「弓矢」と「桙」はともに「兵馬」と結び付けて考えることができ、桙と兵馬が結び付くとすると、それは打物騎兵の存在を示すことになる。

しかし、「人別に」「各差有り」とあるから、官人ごとの武装の規定は異なっていたわけで、必ずしも桙と兵馬を結び付ける必要はないのではなかろうか。やはりさきにみた『書紀』天武天皇十三年（六八五）閏四月丙戌（五日）条によれば、馬の所有者は「騎士（騎兵）」、馬の不所有者は「歩卒（歩兵）」とあるから、ここでの兵馬の備えも必ずしも全官人と考える必要はなかろう。これに、やはり「便弓馬者」を求める国家意識をかんがみれば、桙の佩帯者は、兵馬の備えはない、つまり歩兵だったのではなかろうか。

以上、令などの規定の分析から考えられる律令制下の騎兵と歩兵は、「便弓馬」なる騎兵つまり弓射騎兵、「便弓馬」なる歩兵つまり弓射歩兵、さらに「ほこ」を佩帯する打物歩兵となろう。

律令制下の騎兵と歩兵――『続日本紀』の解釈から

前節では、主に制度（法制史料）から、律令制下《りつりようせいか》での打物《うちもの》騎兵の存在を否定し、当時の騎兵と歩兵は、弓射《きゆうしや》騎兵・弓射歩兵・打物歩兵であると考えた。では、実質的にはどうであろうか。特に弓射騎兵の存在の実態はどうであろうか。その点を騎兵・騎射・弓馬などをキーワードとして、八世紀の根本史料である『続紀』を分析してみよう。まずは管見の騎兵に関する記事を年代順に羅列しよう。

『続日本紀』の騎兵

①文武《もんむ》天皇三年（六九九）二月戊申（二十三日）条
詔《みことのり》して、駕《が》に従ふ諸国の騎兵等に今年の調役《ちようやく》を免《ゆる》す、

②大宝元年（七〇一）十月己未（二十日）条

駕に従ふ諸国の騎士に当年の調庸《ちょうよう》及び担夫《たむぶ》の田租を免す、

③大宝二年（七〇二）十一月戊子（二十五日）条

車駕《きょが》、参河《みかわ》より至る、駕に従へる騎士の調を免す、

④慶雲二年（七〇五）十一月己丑（十三日）条

諸国の騎兵を徴発す、新羅使《しらぎのつかい》を迎るがためなり、正五位上紀朝臣古麻呂《きのあそんこまろ》を以て騎兵大将軍とす、

⑤慶雲三年（七〇六）十月乙酉（十五日）条

駕に従へる諸国の騎兵六百六十人、皆、庸調并《ならび》に戸《へ》の内の田租を免す、

⑥和銅二年（七〇九）十月戊申（二十六日）条

薩摩隼人《はやひと》、郡司已下《ぐんじいか》一百八十八人入朝す、諸国の騎兵五百人を徴《め》して、以て威儀に備ふる也、

⑦和銅三年（七一〇）正月壬子朔（一日）条

皇城門《おうじょうもん》の外、朱雀《すざく》の路《みち》の東西において、分頭《ぶんとう》して、騎兵を陳列《ちんれつ》し、隼人・蝦夷《えみし》等を引きて進む、

⑧和銅七年（七一四）十一月乙未（十一日）条

新羅国、重《ぢう》阿《あ》飡《さむ》金《こむ》元《ぐわん》静《じやう》等二十余人を遣《つかは》して朝貢す、畿内・七道の騎兵合て九百九十を差発す、入朝の儀衛《ぎゑい》に擬せんがためなり、

⑨和銅七年（七一四）十二月己卯（二十六日）条

新羅使入京す、（中略）騎兵一百七十を率《ひきゐ》て、三崎に迎へしむ、

⑩霊亀《れいき》元年（七一五）正月甲申朔（一日）条

天皇《すめらみこと》、大極殿《だいごくでん》に御して朝を受く、（中略）その儀、朱雀門の左右に鼓吹《くすい》・騎兵を陳列す、元会《ぐわんゑ》の日、鉦鼓《せいく》を用ゐること、是より始る、

⑪天平三年（七三一）十一月癸酉（二十八日）条

制《せい》すらく、大惣管《だいそうくわん》は、帯劔《たいけん》して勅を待つ、副惣管は大惣管と同じく、判吏《はんり》二人・主事四人、鎮撫使《ちんぶし》は掌ること惣管と同じ、判官一人・主典一人、それ内外の文武官《ぶんぶのかん》六位已下の兵術・文筆を解する者を抽《ぬ》きて充《あ》てよ、仍《よつ》て大惣管に傔仗《けんじよう》十人を給ふ、副惣管には六人、鎮撫使の三位には随身《ずいじん》四人、四位には二人、並に弓箭を負ひ持ちて、朝夕に祗承《ししよう》す、主の願に随て充て、考《かう》に入ることを得しむ、惣管如し事に縁《よ》りて入部すること有らば、騎兵三十疋を従ふることを聴《ゆる》す、その職掌は、京及び畿内の兵馬を差発して、徒を結び衆を集め、党を樹《た》て勢を仮《か》り、老少を劫奪《こふだつ》し、貧賤《ひんせん》を圧略《おふりやく》し、

時政を是非し、人物を臧否《ぞうひ》し、邪曲冤枉《じゃきょくえんおう》の事を捜《あなぐ》り捕へ、また、盗賊《とうぞく》・妖言《ようげん》、自ら衛府に非ずして兵刃を執り持つの類を断《ただ》せ、時を取りて国・郡司等の治績を巡察せしめ、如し善悪を得ば、即時に奏聞《そうもん》せよ、すべからく日時を連ね延《の》べて、恩赦に会はしむべからず、其れ、罪を犯す者有らば、先づ決杖一百已下、然《しか》して後に奏聞せよ、但し、鎮撫使は兵馬を差発することを得ず、

⑫天平九年（七三七）四月戊午（十四日）条

遣陸奥持節《ぢせつ》大使従三位藤原朝臣麻呂等言《まう》さく、去ぬる二月十九日を以て、陸奥多賀柵《たがのき》に到りて、鎮守将軍従四位上大野朝臣東人《あずまんど》と共に平章して、かつは常陸・上総・下総・武蔵・上野・下野等六国の騎兵惣《すべ》て一千人を追《め》して、山海両道を開かしむ、（中略）仍て勇健一百九十六人を抽《ぬ》きて、将軍東人に委ね、四百五十九人を玉造《たまつくり》等の五柵に分配し、麻呂等は余る所の三百四十五人を帥ゐて多賀柵を鎮む、（中略）二十五日、将軍東人、多賀柵より発つ、四月一日、使下《しげ》の判官従七位上紀朝臣武良士《むらじ》等及び委する所の騎兵一百九十六人・鎮兵四百九十九人・当国の兵五千人・帰服の狄俘《てきふ》二百四十九人を帥ゐて、部内色麻柵《しかまのき》より発ち、即日、出羽国大室《おおむろ》駅に到る、

⑬天平十二年（七四〇）十月丙子（二十二日）条

正五位下藤原朝臣仲麻呂を前《さきの》騎兵大将軍と為し、正五位下紀朝臣麻路《まろ》を後《あとの》騎兵大将軍と為す、騎兵の東西史部・秦忌寸《はたのいみき》等惣て四百人を徴発せしむ、

⑭天平十二年（七四〇）十一月甲辰（二十一日）条

詔して、陪従せる文武の官并に騎兵及び子弟等に、爵を人ごとに一級を賜ふ、但し、騎兵の父は、陪従せるにあらずと雖《いへど》も、爵二級を賜ふ、

⑮天平十二年（七四〇）十二月丙辰（四日）条

騎兵司を解きて、京に還し入らしむ、

⑯天平宝字二年（七五八）十二月丙午（八日）条

坂東の騎兵・鎮兵・役夫及び夷俘《いふ》等を徴発し、桃生城《もむのふのき》・小勝《おかち》柵を造らしむ、

⑰天平神護元年（七六五）十月辛未（十三日）条

紀伊国に行幸す、（中略）正四位下藤原朝臣縄麻呂《なわまろ》を御前《みさき》の騎兵将軍と為す、正五位上阿陪朝臣毛人《えみし》を副将軍と為す、従三位百済王敬福《きょうふく》を御後《みあと》の騎兵大将軍と為す、従五位下大蔵忌寸麻呂《まろ》を副将軍と為す、

⑱天平神護元年（七六五）十月庚辰（二十二日）条

騎兵出雲大目《だいさうくわん》正六位上坂上忌寸子老《こおゆ》には外従五位下、

⑲天平神護元年（七六五）閏十月丁酉（九日）条

騎兵一等二百三十二人に爵を人ごとに二級を賜ふ、二等四十八人、三等二十八人には一級、並に綿《わた》を賜ふこと差有り、

⑳宝亀元年（七七〇）八月乙未（六日）条

近江国の兵二百騎を差《つかは》して、朝庭を守衛せしむ、従三位藤原宿奈麻呂《すくなまろ》を以て騎兵司と為す、

㉑宝亀七年（七七六）五月戊子（二日）条

出羽国志波《しわ》村の賊叛逆して国と相戦ふ、官軍利あらず、下総・下野・常陸等の国の騎兵を発してこれを伐たしむ、

㉒宝亀九年（七七八）十二月丁亥（十五日）条

左右京に仰せて、六位已下の子孫の騎兵に堪ゆる者八百人を差発せしむ、唐客の入朝するがためなり、

㉓宝亀十年（七七九）四月庚子（三十日）条

唐客入京す、将軍等、騎兵二百人・蝦夷二十人を率て、京城の門外の三橋《みはし》に迎接す、

㉔宝亀十一年（七八〇）十月己未（二十九日）条

征東使に勅すらく、今月二十二日の奏状を省《み》て知りぬ、使等遅延して、既に時宜を失へることを、将軍発ち赴きて、久しく日月を経、集まる所の歩騎数万余人、加以《しかのみならず》、賊地に入る期、上奏度多し、計ること已《おは》らば、発ち入りて、狂賊《きょうぞく》を平け殄《た》たむ、而るに今奏すらくは、今年は征討すべからざると、てへれば、夏は草茂しと称し、冬は襖《おう》乏しと言ふ、巧言を縦 横《ほしきまま》にし、

㉕延暦七年（七八八）三月辛亥（三日）条

勅を下して、東海・東山・坂東の諸国の歩騎五万二千八百余人を調発し、来年三月を限りて、陸奥国多賀城に会《つど》はしむ、その兵を点《さ》すことは、まづ前般軍に入りて戦を経て勲に叙せる者、および常陸国の神賤を尽して、然る後に余人の弓馬に堪へたる者を簡点せしむ、

以上、騎兵（騎士）をキーワードに検索すると、上記の二十五例が見出せた。漏れもあろうし、また、騎兵や騎士とは直接出てこなくても、騎兵を数える単位である「騎」で兵士が表現されていたり、また、馬や乗馬という面から検索すれば、さらにその数は増えるであろうが、これらの例だけでも、八世紀に相当数の騎兵が存在し、活動していたことがわかるであろう。

諸国騎兵

これらの騎兵（騎士）は、おおむね諸国から徴発されている騎兵（諸国騎兵）である。具体的にみると、①②③⑤は、「駕に従へる」つまり行幸《ぎょうこう》に従う騎兵で、①②⑤はいずれも文武《もんむ》天皇のそれぞれ難波宮・紀伊・難波行幸関係であり、③は、持統太上天皇《じとうだいじょう》の三河行幸の騎士（騎兵）、同様に、⑬〜⑮は聖武天皇の伊勢行幸に従った騎兵関連、⑰〜⑲は称徳《しょうとく》天皇の伊勢行幸に従った騎兵関連である。これらは諸国騎兵といっても、どこの国から徴発された騎兵なのかは記載されていないが、かかる行幸の場合、目的地の沿路諸国の騎兵が徴発されたらしい。

ちなみに、持統天皇がその在位六年（六九二）に行った伊勢行幸の場合、『書紀』同年三月己酉（二十九日）条によれば、近江・美濃・尾張・三河・遠江の諸国から徴発されている。じつはこれらは、六世紀以来の騎兵の伝統のある諸国であり、⑳では、近江の兵二百騎つまり騎兵が、騎兵司のもと、衛府官《えふかん》とは別に、朝廷の守衛を命じられている。時に称徳天皇崩御により、朝廷が混乱している時期である。

一方、④⑧⑨は新羅使、⑥は隼人、⑦は隼人・蝦夷、㉒㉓は唐客の各入朝に備えるための騎兵である。かかる際に騎兵が徴発されるのは、⑥に「以て威儀に備ふるなり」とあるように、外国の使節や、隼人や蝦夷などの服属民族に対する示威のためであり、行幸に従う騎兵とともに、実際の警衛もさることながら、威儀《いぎ》兵（儀仗《ぎじょう》兵）としての性格が強い。鼓吹と並記の⑩の騎兵も儀仗兵である。

以上のうち、④⑬⑰㉓では、騎兵将軍が任命されているが、これは、徴発される騎兵の数が多い場合、その指揮・統率者として臨時に任命されるものであり、⑬では前後騎で二名、⑰では前後に各副将軍を加えて、四名が任命されており、各行幸の規模の大きさがわかろう。さらに、⑮⑳では、騎兵司が設置されている。騎兵司も、大規模に騎兵を徴発する場合に、その指揮・統率のために臨時に設置される機関のことである。

諸国騎兵の出自

ところで、以上のような諸国騎兵は、衛府官とは別組織と考えられ、その点は、⑭で武官と並記されている点からも確認できるが、軍団兵士との関係はどうであろうか。換言すれば軍団の「便弓馬」なる兵士なのかどうかである。議論のある問題だが、①②③⑤で、庸・調や戸内の田租を免除（免税）されている点や、⑭や⑲で、騎兵やその子弟・父官などに対して賜爵され、さらに⑲では賜物もされている点が注目される。

というのも、免税されている点からみると、賦役令舎人史生条《ぶやくりょうしゃにんししょうじょう》によれば、兵衛《ひょうえ》・衛士《えじ》・防人《さきもり》などは「課役」を免じられ、軍団の大毅《だいぎ》から兵士までは「徭役《えうやく》」を免じられている。律令制下の税制は、周知のように租・庸・調・雑徭《ぞうよう》からなるが、このうち課役とは、その全部（雑徭を含むか否かは議論がある）をいい、徭役は庸《よう》と雑徭をいう。つまり、衛府の舎人《とねり》や軍団の兵士は、元来から免税処置があったわけで、ここで改めて免税処置を取る必要はなく、①②③⑤のように、改めて免税処置が取られているということは、かれらが衛府の舎人や兵士ではない証拠となるのである。また、賜爵・賜物という措置は、有位の官人に行われる措置であり、その点からもやはり、諸国騎兵は軍団兵士ではないという。

では、これら諸国騎兵の出自《しゅつじ》は何かというと、国司・郡司の子弟や、六位以下の下級官人層であるという。郡司といえば、六世紀の騎兵の主体であった首長層と血縁的につながる階層である点が注目されるし、また、天武朝以来、律令制下では、六位以下の律令官人を中心として、全官人騎兵制が展開されていたという。

軍団騎兵の活動

では、諸国騎兵が軍団騎兵ではないとすると、軍防令隊伍条の規定があるにもかかわらず、軍団騎兵は有名無実であったのか。その問題を考える手がかりとなるのが⑫⑯㉑と㉔㉕である。そのうち⑫⑯㉑は、いずれも対蝦夷戦における坂東諸国を中心とした騎兵の活動を示すものである。もっとも、騎兵が実際に戦闘したことを示すのは㉑だけである。

一方、㉔㉕は、「歩騎」とあって、騎兵だけでなく歩兵も含み、また実際の活動ではなく、㉔では実際に活動していないことを咎《とが》めており、また、㉕は多賀城への召集を命じたものである。そのため、他とはやや趣が異なるが、対蝦夷戦のために多量の騎兵が投入されたことはわかるであろう。

これらの騎兵が、諸国騎兵か軍団騎兵かは議論があるが、うえに羅列した『続紀』の騎兵のうちで、軍団騎兵との関係が説かれているのが、これらの対蝦夷戦に投入された騎兵なのである。

また、その他、軍団騎兵の活動が議論されている『続紀』の記事として、天平十二年（七四〇）八月癸未（二十九日）条から始まる藤原広嗣《ふじわらのひろつぐ》の乱関係の記事がある。そのうち具体的には、九月己酉（二十五日）条にみえる、官軍側の豊前国京都《みやこ》郡大領外従七位上楉田勢麻呂《しもとだのせまろ》が率いたという「兵《いくさ》五百騎」と、広嗣が率いたという「衆《いくさ》一万許騎」が注目される。ともに「騎」という単位から騎兵と考えられるわけだが、前者は、京都郡郡司楉田勢麻呂の私的武力とする見方に対し、一千人軍団の半数にあたる軍団騎兵であるという見方もある。

一方、後者は、同日条の後半で、広嗣軍の構成が、解釈には議論があるものの、大隅・

薩摩・肥前・豊後等の国軍五千人と、筑後・肥前等の国軍五千人とあり、広嗣軍が九州の軍団兵士からなることがわかる。もっとも、広嗣軍の内訳は「人」が単位で、前半で「一万許騎」とあったのと矛盾が生じるが、広嗣軍のなかにはかなりの軍団騎兵がいたという。事実、広嗣自身は勅使に対して、下馬して両段再拝したというから騎兵であり、また、投降した広嗣軍のなかに「衆十許騎」もみえている。

なお、騎兵の出自という点で、諸国騎兵・軍団騎兵のどちらなのか不明なのが、⑪の惣管に従う騎兵である。惣管とは、奈良時代に京・畿内の治安維持のために置かれた官職で、⑪にみるように、大惣管に十人、副惣管に六人給わる傔仗という従者は弓箭《ゆみや》を佩帯《はいたい》し、惣管が畿内各国に入部する時は、騎兵三十疋（騎）を従えることが許されている。惣管の具体的な活動については明らかでないが、畿内の治安維持に騎兵が動員されたことはわかろう。

以上、軍防令などの規定のうえだけでなく、実質的にも八世紀段階で、全国各国に相当数の騎兵が存在し、活動していた点は注目すべきであろう。

『続日本紀』の騎射と弓馬

では、こうした騎兵は、弓射・打物のどちらの騎兵なのであろうか。そこで今度は、その点を考察するための手がかりとなる『続紀』の記事をやはり年代順に羅列しよう。

①文武天皇二年（六九八）三月辛巳（二十一日）条
山背《やましろ》国賀茂祭の日、衆を会《あつ》めて騎射するを禁ず、

②大宝二年（七〇二）四月庚子（三日）条
賀茂の神を祭る日、衆徒会集《つど》ひて仗《じょう》を執《と》りて騎射することを禁ず、唯《ただ》し当国の人は禁の限りに在らず、

③養老六年（七二二）閏四月乙丑（二十五日）条
太政官奏して曰く、（中略）陸奥の按察使管内、百姓の庸調は浸免し、農桑を勧め課し、射騎を教習して、

④神亀元年（七二四）四月癸卯（十四日）条
坂東九国の軍三万人をして、騎射を教習し、軍陣を試練せしむ、

⑤神亀元年（七二四）五月癸亥（五日）条
天皇《すめらみこと》重閣の中門に御して猟騎を観る、一品已下无位《むい》に至るまで、豪富の家及び左右

京・五畿内・近江等の国の郡司 并《ならび》に子弟・兵士・庶民勇健にして装飾に堪たる者は、悉《ことごと》く猟騎の事に奉《ぶ》せしむ、兵士已上に普《あまね》く禄を賜ふこと差あり、

⑥神亀四年（七二七）五月丙子（五日）条

天皇、南野の榭《うてな》に御して、餝騎《かざりうま》・騎射を観る、

⑦天平七年（七三五）五月庚申（五日）条

天皇、北の松林に御して、騎射を覧じたまふ、入唐廻使《にゅうとうかいし》及び唐人、唐国・新羅の楽を奏し、槍《ほこ》を拵《もてあそ》ぶ、

⑧天平十九年（七四七）五月庚辰（五日）条

天皇、南苑に御して、騎射・走馬《はしりうま》を観る、

⑨天平宝字五年（七六一）十一月丁酉（十七日）条

正四位下吉備《きび》朝臣真備《まきび》を西海道使と為《な》す、（中略）筑前・筑後・肥後・豊前・豊後・日向・大隅・薩摩等の八国、船一百二十一隻、兵士一万二千五百人・子弟六十二人・水手四千九百二十人を検定す、皆三年の田租を免《ゆる》し、悉く弓馬に赴《おもむ》かしめ、兼《か》ねて五行の陣を調 習《ちょうしゅう》せしむ、その遺《のこ》る所の兵士は、便《すなは》ち役《つか》ひて兵器を造らしむ、

⑩天平宝字六年（七六二）二月辛酉（十二日）条

伊勢・近江・美濃・越前等の四国の郡司の子弟および百姓、年四十已下二十已上の弓馬を練習せる者を簡点して、以て健児《こんでい》と為せ、（中略）仍て天平六年四月二十一日の勅に准じて、其の身の田租《でんそ》及び雑徭《ぞうよう》の半《なかば》を除き、其の歴名《れきみょう》・等第《とうだい》は、毎年朝集使に附して武（式カ）部省に送らしむ、

⑪天平宝字八年（七六四）九月乙巳（十一日）条

太師《だいし》藤原恵美《えみ》朝臣押勝《おしかつ》の逆謀頗《すこぶ》る泄《も》る、高野天皇、少納言山村王を遣して、中宮院の鈴・印を収めしむ、押勝之を聞き、その男訓儒麻呂《くすまろ》等をして邀《むか》へて之を奪はしむ、天皇、授刀少尉坂上苅田麻呂《さかのうえのかりたまろ》・将曹牡鹿嶋足《おじかのしまたり》等を遣して、射て之を殺さしむ、押勝また中衛将監矢田部老《やたべのおゆ》を遣して、甲《よろい》を被り馬に騎《の》て、かつ詔使《しょうし》授刀紀船守《きのふなもり》を劫《おびやか》しめ、亦《また》之を射殺さしむ、

⑫宝亀八年（七七七）五月丁巳（七日）条

天皇重閣門に御して、射騎を観る、渤海使史都蒙《ぼっかいししとも》等を召して、亦射場に会せしむ、五位已上をして装馬《かざりうま》及び走馬を進《たてまつ》らしむ、

⑬宝亀十一年（七八〇）三月辛巳（十六日）条

太政官奏して称く、（中略）今、諸国の兵士ほぼ脆弱《ぜいじゃく》なるもの多く、徒《いたづら》に身の庸を免

給ひて、天府《てんふ》に帰せず、国司《こくし》・軍毅《ぐんき》、自ら恣《ほしいまま》に駈役《くやく》し、曾《かつ》て未《いま》だ貫習《かんしゅう》せず、弓馬唯《ただ》給し、薪草《しんそう》を採刈《かりと》らしむ、縦《たと》ひ此を以て戦に赴かしむるも、これを棄《き》と謂ふ、臣等以為《おもへ》らく、三関辺要を除くの外、国の大小に随《したが》ひて以て額《さだめ》と為し、仍て殷富《いんぷ》の百姓の才弓馬に堪ゆる者を点じて、その当番ごとに、専《もは》ら武芸を習はしめば、（中略）その脆弱の徒は勤めて皆農に赴かしむ、

⑭宝亀十一年（七八〇）七月戊子（二十六日）条
勅して曰く、筑紫大宰は西海に僻居《へききょ》して、諸蕃《しょばん》朝貢《ちょうこう》し舟《しゅう》檝《しゅう》相望めり、是に由《よ》り、士馬を簡練し、甲兵《こうへい》を精鋭にして、以て威武を示し、以て非常に備ふ、（中略）兵士已上及び百姓弓馬に便なる者、程《ほど》の遠近を量《はか》りて隊を結びて分配せよ、（中略）機に応じて軍に赴くに、国司已上は皆私馬に乗れ、若し足らずんば、即ち駅伝の馬を以て之に充《あ》つ、

⑮延暦二年（七八三）正月乙酉（八日）条
正四位上道嶋《みちしま》宿祢嶋足卒す、嶋足は（中略）志気驍武《げふぶ》にして、素《もと》より馳射《ちしゃ》を善《よ》くす、宝字中に授刀将曹に任ず、八年、恵美訓儒麻呂が勅使を劫《おびやか》せしとき、嶋足と将監坂上苅田麻呂と勅を奉て、疾く馳せ射て之を殺す、

⑯延暦二年（七八三）六月辛亥（六日）条

今聞く、坂東諸国、軍役あるに属すれば、毎《つね》に多くは尫弱《おうじやく》にして全く戦ふに堪へず、即ち雑色《ぞうしき》の輩・浮宕《ふとう》の類、或るは弓馬に便に、或るは戦陣に堪へたるもの有れども、徴発すること有る毎《たび》に、いまだ嘗《かつ》て差点せず、同じく皇民と曰ひ、豈《あ》にかくの如くなるに合ひけんや、宜く坂東八国に仰せて、ある所の散位《さんい》の子・郡司の子弟、及び浮宕等の類、身の軍士に堪へたらん者を簡《えら》み取りて、国の大小に随ひて、一千已下、五百已上、専ら用兵の道を習はしめ、並に身の装を備へしむべし、

⑰延暦五年（七八六）正月戊戌（七日）条

坂上大宿禰苅田麻呂《かりたまろ》薨《こう》す、苅田麻呂は（中略）宝字中、授刀少尉に任ず、八年に、恵美仲麻呂逆《さかしま》を作《な》すや、先づその息訓儒麻呂を遣して、鈴・印を邀へ奪はしむ、苅田麻呂と将曹牡鹿嶋足と、共に詔を奉て輙《すなは》ち馳《は》せ、訓儒麻呂を射《い》て之を殺す、（中略）苅田麻呂は、家世《よよ》に弓馬《きゆうば》を事とし馳射《ちしや》を善《よ》くす、

以上の十七例が見出せた。これらの記事は、内容から三つに分けることができよう。ひとつは①②⑤⑥⑦⑧⑫のように、騎射の競技に関わる記事、ひとつは、③④⑨⑩⑬⑭⑯のように、対蝦夷をはじめとする辺境の防備や軍制改革に関わる記事、もうひとつは、⑪⑮

⑰で、天平宝字八年（七六四）九月に起きた藤原仲麻呂の乱関連の記事である。

「うまゆみ」

まずは①②からみていこう。ともに賀茂祭の日に、会衆（会集）して騎射することを禁じている。逆にみれば、賀茂祭の日には、衆徒が会衆して騎射することが当時常態であったことを示していよう。

ところで、騎射というと、馬上からの弓射の総称としての広義の騎射（本書でこれまで原則的に使用してきた騎射）と、宮中五月の恒例行事（年中行事）である狭義の騎射《うまゆみ》がある。以下では、わかりやすく恒例行事としての騎射は「うまゆみ」と表記するが、平安以降の理解では、「うまゆみ」とは、走路の三ヵ所に設置された的を、疾走する馬上から鏑矢《かぶらや》（鏑を入れた狩俣矢《かりまたや》）で射ていく競技で、のちの武士の騎射芸の代表である流鏑馬《やぶさめ》に類似する競技である。

この①②にみえる騎射は、広義としての騎射一般をいうのではなく、競技としての「うまゆみ」であろうと思われるが、その競技内容が平安時代以降の理解と同様であったかどうかはわからない。ただし、五世紀末の高句麗徳興里古墳《こうくりとくこうり》の壁画には、「うまゆみ」同類の騎射芸が描かれており、それが日本の「うまゆみ」（あるいは「やぶさめ」）の源流であるという。とすれば、競技内容も後世の「うまゆみ」と同様であったかと考えられる。

なお、日本での「うまゆみ」という競技の初見は、『書紀』天武天皇九年（六八一）九月辛巳（九日）条に、「朝嬬《あさつま》に幸す、因《よ》りて大山位より以下の馬を長柄杜《ながらのもり》に看《みそなは》す、乃ち馬《うま》的《ゆみ》射させたまふ」とある「馬的」であると考えられる。

また、「うまゆみ」や流鏑馬などの騎射儀礼は、狩猟儀礼とセットで行われてきた。だからこそ両者は、鏑矢という狩矢《かりや》を用い、流鏑馬装束は狩装束なのであろうが、上記の壁画には同時に狩猟の図も描かれ、騎射儀礼と狩猟儀礼は源流からセット関係にあったらしい。

いずれにしろ、①②は、「うまゆみ」と神事や地方（賀茂社のある京都は当時は地方である）との関係、また、当時、地方の衆徒（その出自が問題であるが）でも行えるほどに「うまゆみ」が浸透していた点、また、賀茂社は渡来系氏族秦氏の崇拝も得ているから、源流に遡る渡来人と「うまゆみ」との関係など、今後考察すべき多くの問題点を提示してくれる非常に示唆的な史料といえる。

騎射の浸透

一方、⑤～⑧⑫は、五月五日の恒例行事としての「うまゆみ」である。⑫は「射騎」であり、これは騎射（「うまゆみ」）と同義ではなく、弓射と馬術という意味にもとれ、だとすれば、射騎には歩射《ぶしゃ》を含む可能性もある。また日程も五日ではなく、七日とずれているが、五月五日の恒例行事の「うまゆみ」と同様と考えてよいであろう。

五月五日に、天皇臨席のもとに「うまゆみ」を行う起源は、『書紀』推古《すいこ》天皇十九年（六一一）五月五日条に初見する「薬猟《くすりがり》」に求められる。これは滋養強壮剤である鹿の若角《わかづの》（袋角《ふくろづの》）を採る狩猟をいい、騎射で行われたものと考えられる。その後は、翌年にも薬猟が行われ、『書紀』皇極《こうぎょく》天皇元年（六四二）五月己未（五日）条に、「河内国の依網屯倉《よさみのみやけ》の前にして、翹岐《げうき》等を召し、射猟《うまゆみ》を観しむ」とある「射猟」をはじめ（この「射猟」が「うまゆみ」の初見という説もある）、いくつか散見された後、⑤の「猟騎」に引き継がれ、⑥で「騎射」（うまゆみ）となるのである。

⑥以前は、いずれも「猟」とあるから、競技ではなく、騎射による狩猟行事と筆者は考える。ただし、⑤については、場所が「重閣の中門」つまり大極殿院（第一次）の南門であるから、狩猟の場として相応《ふさわ》しいかどうか疑問もある。しかし、⑤で何よりも注目されるのは、猟騎への参加を命じられた人々が、一品という皇族の最高位から無位に至るまでの全官人、豪富の家から左右京・五畿内・近江国等の郡司・その子弟という諸国騎兵の供給者をはじめ、軍団兵士、さらには庶民までを含むあらゆる階層を含んでいる点で、かれ

らが猟騎つまり騎射による狩猟ができたことを示している点である。

つまりこの⑤だけを取り上げても、五畿内や近江などの限られた国々の例ではあるが、諸国騎兵は弓射騎兵であることが予想できるし、また、軍団兵士に弓射騎兵がいたこともわかり、さらに庶民にまで広義の騎射が浸透している点が理解できよう。これに①②でみた「うまゆみ」の浸透をあわせれば、広義・狭義ともに当時騎射が浸透していたことになる。

軍制改革と弓馬

次に辺境の防備や軍制改革に関わる記事をみよう。律令国家が軍事国家であることはすでにふれたが、じつは奈良時代を通じて軍制改革（軍縮と軍拡）がくりかえされている。そのなかで、特に軍事面で強化されていたのが、外国や他民族と境を接する辺境であり、具体的には東北地方や九州地方（大宰府管内）であった。それが③④⑨⑩⑬⑭⑯に反映されている。

まず③④。ともに陸奥管内の百姓や駐留している坂東九国（八国の間違いであろう）の軍三万人に対し、騎射（射騎）の教習を命じている。③で「射騎」とあるのは、前述したように、歩射を含む可能性もあり、また、④で三万人すべてが騎射の教習を受けるというのも、人数の多さからやや納得し難い面もある。それにしても、いずれも弓射騎兵として著名な蝦夷に対抗するためであることは間違いなかろうし、③④から、対蝦夷戦の騎兵は、諸国騎兵・軍団騎兵のいずれにしろ、弓射騎兵であった可能性が高くなろう。

次に⑨⑩⑬⑭⑯。これらは軍制改革関連の記事だが、いずれにも「弓馬」がみえる。このうち九州地方の軍備の強化を目指す⑨の「弓馬」は、文脈から軍陣や武芸の代名詞のように使用されており、すべてが必ずしも騎射や歩射を表すわけではない。

しかし、「脆弱」で実戦の役にはたたない軍団兵士の実態と、かかる兵士が軍事訓練ではなく、国司や軍毅の雑用に使役されている実情にかんがみ、脆弱な農民兵士は本来の班田に戻し、代わって「殷富の百姓の才弓馬に堪ゆる者」を採用することを奏上した⑬や、⑨と同じく九州地方の軍備の強化を指示する⑭にみえる「兵士已上及び百姓弓馬に便なる者」、また坂東諸国の軍備強化（あるいは見直し）を指示する⑯にみえる「弓馬に便」などは、本書でこれまで見てきた軍防令などにみえる「便弓馬者」を求める国家意識の延長で考えられ、そこにはやはり弓射騎兵の存在を考えてよいのではなかろうか。

換言すれば、軍制改革のなかにも、「便弓馬者」を求める国家意識は存続しているということである。特に⑬で、兵士材料の転換を求めた「殷富の百姓」であるが、これは⑤にみえる「富豪の家」に相当すると考えられる。⑤によれば、かれらは猟騎つまり騎射による狩猟ができる階層と考えられるから、⑬の「弓馬に堪ゆる者」も、弓射騎兵と考えてよいのではなかろうか。

健　児

これに関連して、⑩には「健児」がみえる。延暦十一年（七九二）六月七日官符で、陸奥・出羽・佐渡・大宰府管内などの辺境を除き、全国の軍団が全廃され、その七日後の官符で、郡司子弟からなる健児制に移行したことはよく知られている。しかし、健児というのはなにもこの時が初見ではなく、制度的に兵士とは別の新たな兵役としての健児の初見は、神亀二年（七二五）の『近江国志何《しが》郡計帳』にみえ、以後、『続紀』によれば、天平六年（七三四）四月甲寅（二十三日）条で、田租と雑徭の半分を免じられ、天平十年（七三八）五月庚午（三日）条で一時停止される。⑩はその後の復活を示すもので、伊勢・近江・美濃・越前の郡司子弟・百姓のうち、二十歳以上四十歳以下で、「弓馬を練習せる者」を健児とするというのである。

この健児は、従来から騎兵と考えられてきた。その有力な根拠が、大同五年（八一〇）五月十一日に出された、健児に「馬子《めご》」を支給することを命じた官符で、それによれば、健児に馬子を支給することは、天平五年（七三三）以来という。馬子とは馬の世話をする役目の者であるから、そこで健児は騎兵だというのである。しかし、健児は、大同五年以降は法的に騎兵となったが、それ以前は必ずしも騎兵ではないとする反論もある。

しかし、⑩で対象としているのは、伊勢・近江・美濃・越前の四国の郡司子弟・百姓である。このうち伊勢・美濃・越前には、それぞれ鈴鹿《すずか》・不破《ふわ》・愛発《あらち》の三関があり、京都防衛上重要な拠点となる国であり、美濃の場合は、『書紀』持統天皇六年（六九二）三月己酉（二十九日）条によれば、持統天皇の伊勢行幸に際して騎兵を徴発された国であった。また、近江は、⑤によれば、郡司子弟などに猟騎のできる階層のいる国であり、さらに、『続紀』宝亀元年（七七〇）八月乙未（六日）条によれば、国内の兵二百騎が朝廷守衛を命じられていた。つまり、これらの国々は伝統的に騎兵が徴発される国である。したがって、⑩の健児も騎兵と考えられ、「弓馬を練習せる者」とは、やはり弓射騎兵だったと考えられよう。

馳射

最後は⑪⑮⑰である。まず⑪により、仲麻呂の乱において、仲麻呂の子息訓儒麻呂が、坂上刈田麻呂と牡鹿嶋足に射殺され、一方、押勝つまり仲麻呂側の矢田部老が、「被甲騎馬」で勅使紀船守を射殺したことがわかる。これによれば、矢田部は弓射騎兵であったことが予想できる。

一方の刈田麻呂と嶋足だが、これは⑮と⑰のそれぞれの薨伝《こうでん》（上級官人の死去に際し、その生前の功績を書き連ねたもので、六国史《りっこくし》にはよくみられる）から、両人が訓儒麻呂を「馳せて射て殺す」つまり騎射（馳射《ちしゃ》）で射殺したことがわかる。さらに両人の資質として、「馳射を善くす」とあり、両人が弓射騎兵であると同時に、馳射の能力も優れていたことがわかる。しかも坂上家は、この後に有名な田村麻呂《たむらまろ》を出す武人の家として著名な渡来系の氏族で、「家世に弓馬を事とし馳射を善くす」とあるように、家としても伝統的に馳射の能力に優れた弓射騎兵の家系だったのである。『続紀』天平神護元年（七六五）十月庚辰（二十二日）条にも、一族の坂上忌寸子老が、騎兵としてみえていた。

中世武士論の前提

以上みてきたように、律令制下では、制度のうえだけでなく、実質的にも騎兵が多く存在し、それはいずれもが弓射騎兵、あるいはそうであることが予想できた。逆に打物騎兵の存在は管見では認められない。

つまり日本では、六世紀の騎兵成立以来、律令制下でも弓射騎兵の伝統が続いているのであり、それが中世前期の武士に継承されていく。ところが、現在の中世武士成立論では、律令制下の兵制を集団歩兵制とし、騎兵の存在を等閑視《とうかんし》あるいは過小評価し、集団歩兵制と弓射騎兵である中世武士やその戦術を対比的に捉え、さらには両者は断絶するものとする考え方さえ出ている。しかし、著者の考えでは、それは間違いであり、六世紀以来の弓射騎兵の伝統こそ、中世武士成立論の前提であると考えている。

その点を詳しく述べる必要があるのだが、その問題は、「たち」の直刀《ちょくとう》から湾刀《わんとう》への変化をはじめとする武具中世化の問題と絡《から》めて、すでに述べている（「武具の中世化と武士の成立」〔元木泰雄編『日本の時代史七　院政の展開と内乱』吉川弘文館、二〇〇二年〕）。そこで、武士成立論に関する著者の具体的な考え方はそれに譲るとして、本書では、律令制下における弓射騎兵の存在を確認し、六世紀以降、中世前期までの日本の騎兵は弓射騎兵であり、一方、歩兵は、律令制下では、制度的な部分でしか確認できなかったが、弓射歩兵と打物歩兵の両方がおり、中世前期では、弓射歩兵は減少し、打物歩兵主体となるという点だけを確認するにとどめておきたい。

なお、古代と中世前期で変質したのは騎兵ではなく、むしろ歩兵であると著者は考えている。その点についても、古代・中世それぞれを代表する長柄の刀剣である、「ほこ」と長刀《なぎなた》の機能や使用法の相違に絡めて、上記でふれているのでご参照願えれば幸いである。

では、こうした中世前期までの騎兵と歩兵の状況が、中世後期にはどのように変化するのであろうか。

中世後期の騎兵と歩兵

中世後期戦闘考察の史料

これまで二つの章では、古代から中世前期までの騎兵と歩兵をみてきたが、中世後期（南北朝期以後）はどうであろうか。それをここでは『太平記』中心にみていこう。ところで、鎌倉後期頃から合戦手負注文《かっせんておいちゅうもん》や軍忠状《ぐんちゅうじょう》といった戦闘に直接関わる古文書類が現れる。それぞれ一例を示すと次のようになる。

合戦手負注文・軍忠状

①城頼連軍忠状（『毛利家文書』）

「一見し了《をはん》ぬ、恩賞せしむべし、左少将（花押）」

備後国踊喜村一分地頭葉山城雅楽助源頼連申す、最初より御方《みかた》に馳《は》せ参らしめ、殿の法印御坊の御手において、播磨国苔縄城を構へ、去る二月二十六日高田城に押し寄せ、南の角箭倉《すみやぐら》を破却せしめ、身命を捨て城内に責め入り、軍忠を抽《ぬき》んづ。同じく家人片岡右衛門三郎・旗差《はたさし》中三郎等打ち死致し畢《をはん》ぬ、并《なら》びに同じく郎従五郎太郎左肩を射らる・平七頭を射らるの条、河北四郎五郎・船引太郎兵衛尉等、同時に合戦の間、存知せしむる者也、次いで今月七日の合戦においては、久我縄手《こがなわて》より東寺造道《つくりみち》に攻め入り、六波羅の南の角箭倉の際において、合戦の忠勤を抽んづるの条、筑後左衛門五郎・備中国住人難波六郎等、皆もつて見知せしめ畢ぬ、御尋ねあらば、其の隠れ有るべからざる者也、然《しか》れば、早く御注進に預かり、本領等を返へし賜ひ、并びに勧賞に預かり、いよいよ合戦の忠勤を致すべきの由相存じ候ふ、この旨をもつて御披露《ごひろう》あるべく候ふ、恐惶謹言、

元弘三年五月日　　雅楽助源頼連上（裏花押）

進上す　御奉行所

②曾我乙房丸代道為合戦手負注文（『南部文書』）

注進す目安、

元弘三四両年、津軽平賀郡大光寺合戦手負交名《きょうみょう》人等の事、

一人、豊島三郎二郎時貞左の小腕《こがいな》射抜かれ候ひ了ぬ、正月一日、
同じく右の股また射られ候ひ了ぬ、同日、
一人、曾我弥三郎光貞左の小腕より脇の下、長柄《ながえ》を
もつて請け通され候ひ了ぬ、
一人、羽取二郎兵衛尉重泰右腕の上射抜かれ候ひ了ぬ、十二月十一日、
正月八日右目の上射通され、半死半生、
一人、幡指彦太郎右の曾利股《そりまた》射通され候
ひ了ぬ、正月八日、
一人、矢木弥二郎矢利《やり》をもつて胸を突かれ、半
死半生し了ぬ、正月八日、
一人、印東小四郎光朝左の膝口射抜かれ候
ひ了ぬ、正月八日、
この外の仁等、余多疵《あまたきず》を被《こうむ》り候ふと雖《いへど》も、少事は注進に及ばず候ふ、
右手負注文件《くだん》の如《ごと》し、

元弘四年正月十日　　曾我乙房丸代道為（花押）

これらの古文書は、合戦における自身や自身が率いる武士団の活躍を、大将などの指揮官にアピールし、恩賞を請求するために提出される文書である。つまり①の一行目は証《しょう》判《はん》といい、提出された側が、文書に記されている提出者の軍功を認め、恩賞を補償した書き付けである。書き付けた後に提出者に返却され、提出者は、のちの論功行賞《ろんこうこうしょう》の際に、

それを証拠として恩賞を請求するのである。

一方、②には、恩賞の請求は記されておらず、各人の負傷箇所だけが書き連ねられている。この文書の記述は実際の負傷箇所と照合され、事実ならば文書のその箇所に合点《がってん》というチェックが入れられた後に返却され、これまたのちに恩賞を得るための証拠となるのである。なお、「矢木弥二郎」が胸を突かれたという「矢利」が鑓《やり》の初見である。

これらの古文書（特に合戦手負注文）には、どの武具でどこを負傷したかが明確に記されている。しかも古文書であるから、文献史料の一般的な区分からすれば一等史料であり、中世後期の具体的な戦闘内容がわかる史料として注目され、それらの分析による戦闘考察もすでにいくつかなされている。

しかし、これらの古文書は、あくまで負傷者の受け身の史料であり、死亡の場合はおおむね死因は不明で、何よりも攻撃側のことは何もわからない。つまりこれらの文書類の分析では、いずれも矢傷がもっとも多いことが指摘されているが、その矢を騎兵と歩兵のどちらが射たのか、さらに同じ騎兵でも、馬上から射たのか、徒歩で射たのかといったことは一切わからないのである。こうした攻撃側のことがわからなければ、戦闘法の変化などは考察できるはずもないであろう。

つまりこれらの古文書は、戦闘史料として、一見有効なようで、じつは公平を欠く不完全な史料なのであり、古文書だからといって、これらの分析結果を金科玉条《きんかぎょくじょう》のように扱うことはできない。これらの古文書を利用するためには、攻撃側のことをよく把握してから利用すべきであり、そのためには、やはり『太平記』を分析しなければならないと著者は考えるのである。

しかも、史料にとって重要なのは、記されている内容と記された時期が近いこと、つまり同時代性である。古文書や古記録（公家などの漢文日記）は、その同時代性がもっとも高いから一等史料なのであるが、同じ軍記物語のなかでも『太平記』は、『平家』などと比べてじつは同時代性が高い。

『太平記』

『平家』の場合、何十種類もの異本がある。そのなかで、延慶《えんぎょう》年間（一三〇八～一一）に書写された本を、さらに応永《おうえい》二十六・七年（一四一九・二〇）に書写したという奥書があり（つまり原本の成立はそれ以前）、もっとも古態をとどめていると考えられている延慶本（ただし、これも最新の研究では揺らいでいる）でさえ、実際の治承《じしょう》・寿永《じゅえい》期とは百年に及ぶ隔たりがある。これに対し、『太平記』は、その成立までの経過はかなり複雑なものの、最終的な成立は、応安《おうあん》四・五年（一三七一・七二）のようで、まさに題材の時代である南北朝期に成立しているのである。そのうえ、『平家』などと同様に、『太平記』の戦闘描写の体系的な分析もいまだ発展途上なのである。

その意味でここでは、『太平記』の戦闘を打物《うちもの》戦・弓箭《ゆみや》戦・組討《くみうち》戦に分類してみていきたい。なお、テキストの問題であるが、『平家』ほどではないが、『太平記』にも異本があり、そのうち西源院《さいげんいん》本・神田本・玄玖《げんきゅう》本などが古態本と考えられている。しかし、古態本のうち完本は西源院本だけであり、神田本や玄玖本は完本ではない。また、『平家』は諸本の間で大幅な異同があるが、『太平記』では、西源院本と、一般に流布している慶長八年（一六〇三）古活字本と比べて、大きな異同はない。

そこで、本書では、『太平記』のテキストは、原則として慶長八年古活字本を底本とした岩波古典文学大系本（一九六〇〜六二年）を用い、論旨に関わる異同がある場合に限り、西源院本の例を示すこととする。なお、底本は漢字片仮名混じりであるが、ここでは便宜的に漢字平仮名混じりに直して引用する。

『太平記』の打物戦

まず『太平記』で注目されるのは、次の記述である。

巻八・山崎合戦

（軍勢を）三手に分つ、一手には足軽《あしがる》の射手《いて》を勝《すぐつ》て五百余人小塩山《をしほやま》へ廻《まわ》す、一手をば野伏《のぶし》に騎馬の兵を少々交て千余人、狐河の辺に引へさす、一手をば混《ひた》すら打《うち》物《もの》の衆八百余騎を汰《そろへ》て、

打物騎兵と弓射歩兵

赤松満祐《あかまつみつすけ》による軍勢の手配を記しているが、この記述からは、その軍勢が、「人」で数えられる歩兵集団、野伏（おそらくは歩兵）に騎兵を加えた集団、さらに「騎」で数えられる騎兵集団の三集団に分けられ、しかも集団ごとに役割分担があり、歩兵と騎兵の連携

を促していることがうかがわれるが、著者が注目したいのは、歩兵集団が「足軽の射手」であり、騎兵集団が「打物の衆」である点である。つまり歩兵は弓射《きゅうしゃ》歩兵で、騎兵は打物騎兵であることが示されている。じつはこの打物騎兵と弓射歩兵こそが、著者が考える『太平記』に特徴的な騎兵と歩兵なのである。

もっとも西源院《さいげんいん》本では、この足軽の射手は「五百余人」ではなく、「五百余騎」と表現され、とすれば弓射騎兵となる。事実、『太平記』には、「足軽の射手」と表現される弓射騎兵が散見する。しかし、のちに詳しく述べるように、かれらの弓射はおおむね騎射ではなく、「下馬射《げばしゃ》」と著者が表現する歩射《ぶしゃ》である点が特徴であり、これは弓射騎兵の変質を示している。

いずれにしろ、打物騎兵と弓射歩兵、弓射騎兵による歩射という点からだけでも、『太平記』の戦闘が、『平家』の戦闘とはかなり様相が異なることがわかるであろう。そのうちまずは打物戦からみていく。

阿保と秋山

打物騎兵の戦闘として、『太平記』に顕著なのが、馬上での打物使用つまり馬上打物であり、馬上打物の象徴が、騎兵の打物による一騎討描写である。一騎討の内容が時代の特徴を象徴するという主張をくりかえせば、馬上打物はまさに

『太平記』の特徴といえる。

巻二十九・阿保秋山河原合戦

①（秋山の行粧《いでたち》）火威《ひおどし》の鎧《よろい》に五枚甲《かぶと》の緒を縮《しめ》、鍬形《くわがた》の間に、紅の扇の月日出したるを不レ残《のこらず》開て夕陽に輝かし、樫木《かしのき》の棒の一丈余りに見へたるを、八角に削て両方に石突《いしづき》入れ、右の小脇に引側《そば》めて、白瓦毛《しろかわらげ》なる馬の太く逞しきに、

②（阿保の行粧）連銭葦毛《れんせんあしげ》なる馬に厚総《あつぶさ》懸て、唐綾《からあやおどし》威の鎧龍頭《たつがしら》の甲の緒を縮め、四尺六寸の貝鐫《かいしのぎ》の太刀を抜て、鞘《さや》をば河中へ投入れ、三尺二寸の豹の皮の尻鞘《しりざや》かけたる金作の小太刀帯副《はきそへ》て、

引用は、近世の扇絵などの題材としてさかんに用いられた阿保忠実と秋山光政の一騎討描写から、まずは各人の行粧描写を示した。ともに鎧（大鎧）に冑《かぶと》を被った騎兵であるが、そこにはいくつかの時代の特徴がうかがえる。そのうちまずは冑の鍬形と龍頭を取り上げたい。なお、南北朝期には、星冑《ほしかぶと》のほかに筋冑《すじかぶと》という新しい冑が成立するが、筋冑は本来は腹巻《はらまき》に付属する冑で、のちには胴丸《どうまる》や腹当《はらあて》、そして大鎧にも付属するようになる。しかし、大鎧に付属するようになるのは十五世紀半ば以降のようで、両人の冑も星冑であろう。

鍬形と龍頭

鍬形と龍頭は、ともに冑の装飾となる立物《たてもの》である。鍬形は、真向《まっこう》に打たれる先端を花先型とした金銅製の二本の角であり、龍頭は、頂辺《てへん》や真向に取り付けられる金銅製の全身または半身の龍の立体像である。

冑の立物としてより一般的なのは鍬形だが、鍬形は、中世前期には一部の武将の冑にだけ打たれるいわば身分標識的な意味合いがあった。それが南北朝期以降は冑必備（したがって南北朝期に成立した筋冑には必ず鍬形が付く）のものとなり、さらに鍬形の間に祓立《はらいだて》とよぶ筒を立て、そこに剣・日輪・開扇型などを差し込む三鍬形《みつくわがた》という様式も成立してくる。事実、『太平記』にも「三鍬形打たる」冑（巻三十二・神南合戦事）がみえる。

間に開扇を挟んでいるという秋山の鍬形は、この三鍬形を思わせるのである。ただし、秋山の場合は、金銅製の扇型ではなく、「紅の扇の月日出したるを不レ残開て」とあり、実際の扇のようである。

ちなみに、平安以来、日本の扇には、檜《ひのき》などの薄板を束《たば》ねた檜《ひ》扇《おうぎ》と、木製の骨に紙（地紙《じがみ》という）を張った蝙蝠扇《かわほりおうぎ》があり、公家装束では前者を冬扇、後者を夏扇とするが、蝙蝠扇が現在の扇子《せんす》と大きく異なる点は、扇子が骨に対して地紙を両面から張るの対し、蝙蝠扇は片面しか張っていない点で骨も細い。両面に地紙を張った扇は室町時代に成立し、末広《すえひろ》とか中啓《ちゅうけい》とかよばれ、これは畳んでも先端が開いた扇である。一方、蝙蝠扇の一種に、骨を太くして両端の親骨に透かし彫りを入れたものがあり、それを彫骨扇《えりぼね》という（全部の骨に透かし彫りを入れたものは皆彫骨扇《みなえりぼね》）。この彫骨扇は武士の軍陣に多く用いられる扇であり、秋山のそれも彫骨扇であったかと考えられる。

一方、龍頭は、南北朝期以前は鍬形以上に特定の武将以外には用いられない立物である。その遺品は、かつては京都・鞍馬寺に伝世し、松平定信《さだのぶ》の『集古十種《しゅうこじっしゅ》』などに図が載っているが、現在は焼失して伝世していない。一方、源氏重代《じゅうだい》の八甲のうち八龍《はちりゅう》の鎧付属の冑がそれといい、金比羅宮本『平治物語』中巻・待賢門の軍の事によれば、平家重代の鎧である唐皮《からかわ》の冑もそれのようである。また、『前九年』では源頼義の冑だけに、『後三年合戦絵巻』では源義家の冑だけに描かれているように、前代では大将（特に源氏）の象徴的な意味合いがあったらしい。ところが、ここでは阿保忠実という一般騎兵の冑にまでそれがみられる。『太平記』には、管見で他に七例の龍頭がみえるが、その普及がわかるであろう。

打物主体の行粧

しかし、両者の行粧で、時代の特徴として何よりも注目したいのは、『平家』ならば、騎兵の行粧には、太刀の記述はなくとも、弓箭の記述は必ずあるのに対し、ここでは両人ともに弓箭についてはまったく記されず、弓箭に代わって打物主体に記されている点である。つまり両者は打物騎兵なのである。また、両者の打物をみると、秋山は一丈余の樫木の棒で、阿保は四尺六寸と三尺二寸の二振《ふたふり》の太刀を佩帯《はいたい》している。

棒という打物

両者の打物のうちまずは棒に注目したい。棒は打撃を与えるためのまさに打物で、もっとも原始的な攻撃具といえるし、諸外国では兵器体系のなかにさまざまな棒が含まれている。しかし、日本では、武具としての棒は、鎌倉後期以降に現れる新しい打物で、『太平記』には秋山を含めて管見で八例みえ、南北朝期以降が打物の時代であることを象徴している。

『太平記』にみえる秋山以外の七例の棒の内訳は、秋山と同様の樫木の木製棒が二例、金撮棒《かなさいぼう》（金棒）が三例、その他が二例である。木製棒は、「九尺に見《みゆ》る樫木の棒」（巻十七・山攻事）と「樫の棒の八角に削たるが、長さ一丈二三尺も有らんと覚へたる」（同巻・金崎城攻事）である。秋山の棒を含めていずれも一丈前後の長寸で、八角に削っているのは打撃面の衝撃度の強化のためと思われる。また、秋山以外には石突金物《いしづきかなもの》の記述はないが、棒では両端がもっとも傷みやすい箇所であるからその補強のために、また、棒は刺突《しとつ》にも使用するから、その衝撃度の強化のためにも、他の棒にもおそらく石突金物が入っていたと思われる。

一方、金撮棒は、「八尺余のかなさい棒の八角なるを手本《てもと》二尺許《ばかり》円《まる》めて」（巻八・四月三日合戦事）、「八尺余の金棒」（巻十四・矢《や》矧《はぎ》鷺坂《さぎさか》手《て》越《ごし》河原《かわら》闘《たたかい》事）、「八尺余りの金撮棒」（巻二十二・篠塚勇力事）である。その他は、「深山《みや》柏《まかしわ》の回り一尺許なるを、一丈余に打切て金才棒の如《ごと》くに見せ」（巻十七・十六騎勢入金崎事）とあり、深山柏による金撮棒に見せかけた木製棒と、「杉材棒《すぎさいぼう》」（巻三十六・頓宮心替事）である。後者は文字通り杉製の撮棒であろう（西源院本は平仮名表記）。

撮棒とは、武具にもなる災厄除けの木製棒で出家者が持つもので、『年中行事絵巻』稲荷祭、『一遍上人《いっぺんしょうにん》絵《え》伝《でん》』『石山寺《いしやまでら》縁《えん》起《ぎ》絵《え》巻《まき》』などに散見される（図9）。その撮棒を完全に武具化したのが金撮棒である。これは、鉄製、または木製で筋金《すじがね》などを打った撮棒で、ともに鉄製の棘《きょく》（疣《いぼ》とも）を施したらしい。

具体的構造は、「八尺余のかなさい棒の八角なるを手元二尺許円めて」という記述によれば、野球のバットのように、手元二尺ほどを断面円形として把握部分とし、そこから先端までを八角形にしてその部分に疣を施したのであろう。

図9　武具としての撮棒の使用
剃髪した頭に鉢巻をし，肌小袖に大口《おおくち》という肌着姿で，片籠手に太刀を佩《は》いた悪僧が，捕らえられた殺生禁断違反者を，撮棒を振りかざして打つところである。『石山寺縁起絵巻』巻2第7段(石山寺蔵)より。

一方、十五世紀半ば頃の成立という『十二類合戦絵巻《じゅうにるいかっせんえまき》』（『獣《けもの》太平記』とも）にも、金撮棒が描かれている（図10）。両袖付きの腹巻を着用した打物歩兵の得物《えもの》で、それによれば、棒の中央部を把握部分とし、上下に疣を施したもので、両端には棒本体とは色分けして石突金物が描かれている。

『太平記』の他の金撮棒がどちらの種類であったかはわからないが、金撮棒にも構造的に二種類の様式があったようである。なお、『太平記』の金撮棒の寸法はいずれも八尺余であるが、これは金撮棒の規定の寸法ではなく偶然の一致であろう。また、『太平記』ではいずれの棒も、秋山以外はすべて歩兵（徒歩）の使用である。

ところで、図10の打物歩兵は、金撮棒の他にも太刀・打刀《うちがたな》・鉞《まさかり》などの打物を佩帯している。南北朝期以降のいかにも新しい行粧であるが、それら

打　刀

の打物のうち、棒と同様に新しい打物である鉞については後述するとして、ここでは打刀についてふれておきたい。

中世の刀は、腰刀《こしがたな》や鞘巻《さやまき》などといい、短寸・無反《むぞ》りで、平造《ひらづくり》を原則とする刀身（現在でいう短刀）で、栗型《くりがた》や返角《かえりづの》などの佩帯装置で腰に差す外装様式の刀剣をいい、主機能は「突く」（また「差す」）である。これに対し、打刀とは、外装は刀様式ながら、刀身はある

図10　太刀・打刀・金撮棒・鉞を佩帯した打物歩兵
『十二類合戦絵巻』中巻第3段（個人蔵）より。

程度の寸法と反りを持ち、太刀と同様の「打つ」という機能を持つ刀剣のことをいう。

その初見は、嘉承《かしょう》二年（一一〇七）頃と考えられる「頼源解《らいげんげ》」という古文書（『平安遺文』二〇二三号）で、『伴大納言絵巻《ばんだいなごんえまき》』下巻の検非違使《けびいし》の下部《しもべ》などにも描かれ、宮城・中尊寺の藤原清衡《きよひら》の棺の上に置かれていた、いわゆる「悪路王《あくろおう》の大刀」といわれる刀身も打刀の刀身とみられる（その外装の残欠は棺内）。したがって、十二世紀にはすでに成立していた刀剣様式であるが、その刀身遺品は応永年間（一三九四〜一四二八）頃から極端に増え、やがて太刀を凌駕《りょうが》していく。その点では打刀も南北朝期以降に隆盛した打物といえる。なお、近世武士の大小二本差しは、簡単にいえば、この打刀の長短の二本差しである。

『十二類合戦絵巻』

以上の他にも、『十二類合戦絵巻』には多彩な打物が描かれている。前代から継承された太刀・長刀《なぎなた》（大太刀・大長刀を含む）はもちろん、新しい（あるいは珍しい）打物として、鑓《やり》・薙鎌《ないがま》・鉄熊手《てつくまで》・戈《か》に似た兵器なども描かれている。そのうち薙鎌は直角に曲がった刀身を持つ長柄で、鉄熊手とともに『平家』などにも名称がみえ、近世の刀身遺品も残っているが、絵画でみられるのは本絵巻だけであろう。また、戈は、柄に対して垂直に細長い刀身を取り付けた中国で発達した打撃用の兵器で、日本では、紀元前二世紀前半に銅戈が、その一世紀後に鉄戈が現われ、銅戈は祭祀《さいし》具《ぐ》化するが、鉄戈はその後発達しなかった。なお、銅戈以前に石戈もある。

かかる『十二類合戦絵巻』は、擬人化した十二支獣と狸を中心としたそれ以外の獣との合戦を描いたいわゆる「お伽《とぎ》」の絵巻である。十二支獣は、女房に擬人化された巳《み》を除き、馬を含む十二支獣すべてが戦闘に参加しているため、騎兵は描かれず、描かれているのは歩兵だけだが、お伽の絵巻でありながら、その風俗特に武装描写は正確で、中世後期の武装・戦闘を考えるためには有益な絵巻である。前にふれた、筋冑が十五世紀半ば以降に大鎧に付属するようになるという根拠も本絵巻に描かれているからである。

太刀・長刀の長寸化

いろいろと話が逸《そ》れた。秋山と阿保の行粧にもどろう。阿保の太刀はいずれも長寸の太刀である。南北朝期は、新しい打物の登場とともに、従来からの打物である太刀・長刀が長寸化する時代である。これをまず文献から

みると、『平家』では、「三尺五寸」が大太刀・大長刀のひとつの基準であったのが（延慶本第一末・山門ノ大衆座主ヲ奉取返事の祐慶の長刀、第二末・南都ヲ焼払事の永覚の太刀など。同じく永覚の長刀は「二尺九寸」で「大長刀」とある）、『太平記』では阿保のように「三尺二寸」が小太刀であり、「三尺五寸の小長刀」（巻三十一・八幡合戦事付官軍夜討）もみえるように、三尺五寸では短寸なのである。一方、太刀では「七尺三寸」（巻三十二・神南合戦）を最長に、「其比曾《かつ》てかなりし五尺三寸の太刀」（巻八・山徒寄京都事）や「日本第一の太刀と聞へたる禰津小次郎が六尺三寸の丸鞘《まるざや》の太刀」（巻三十四・紀州竜門山軍事）など四〜六尺は枚挙《まいきょ》に暇《いとま》なく散見され、それは長刀でも同様で、「柄も五尺身も五尺」（巻十四・将軍御進発大渡・山崎等合戦事）という総長一丈に及ぶ長刀もみえている（西源院本では単に「五尺余り」）。

なお、中世には、単純に短寸の長刀ではなく、手鉾《てほこ》ともいい、「突く」という機能を主とする小長刀が存在している。この小長刀（いわば狭義の小長刀）は、柄は長刀と同様だ

図11　太刀
銘　備州長船法光生年三十三　文安二年八月日
薬師寺弥五郎久用生年廿一歳
総長三七七・六センチ　刃長二三六・七センチ　吉備津神社蔵

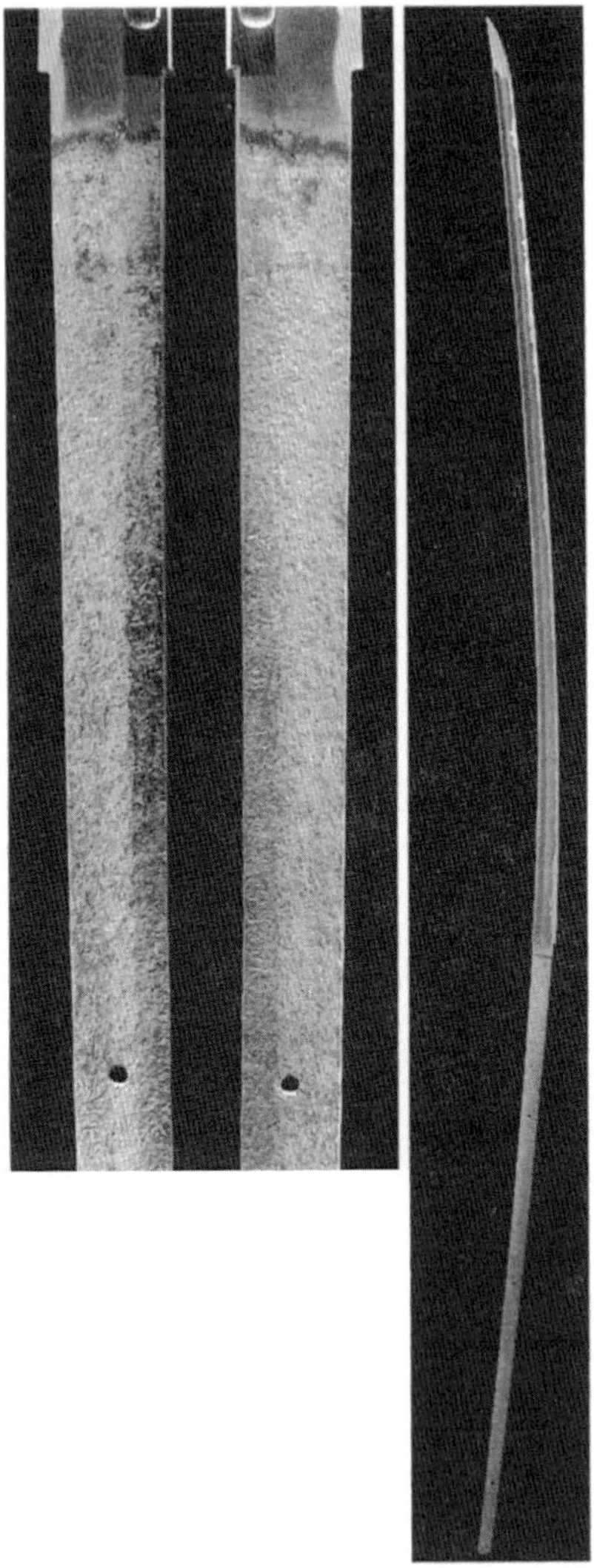

が、刀身が短寸（一尺程度）・無反りである点が長刀と異なっている。『太平記』の小長刀もこの手鉾である可能性がないわけではないが、それにしては寸法がいずれも三尺前後で、手鉾にしては長すぎる。『太平記』の小長刀は、長寸の大長刀に対して、単純に短寸の長

刀をいうのであろう。

さて、南北朝期は、遺品でも、太刀・長刀そして短刀までを含めて刀剣が長寸化する時代である。明確な南北朝期の太刀・長刀の遺品としては、たとえば、栃木・日光二荒山《ふたらさん》神社の貞治《じょうじ》五年（一三六六）紀の長船倫光《おさふねともみつ》の刃長四尺一寸六分の太刀、愛媛・大山祇《おおやまつみ》神社の同じく貞治五年紀の千手院長吉《せんじゆいんながよし》の刃長四尺四寸八分の太刀、福島・飯野《いいの》八幡宮の貞治四年紀の長船盛景《おさふねもりかげ》の刃長四尺三寸一分の長刀などがある。さらに寸法でみれば、日光二荒山神社には、禰々《ねね》切丸《きりまる》と号し、無銘ながら南北朝期の遺品と考えられている刃長七尺一寸五分の太刀があり、室町期の遺品になるが、新潟・弥彦《やひこ》神社の応永二十二年（一四一五）紀の長船家盛《いえもり》の太刀が刃長七尺二寸七分、また、岡山・吉備津《きびつ》神社の文安四年（一四四七）紀の長船法光《のりみつ》の太刀に至っては、刃長七尺四寸八分、総長一丈二尺四寸六分で、古刀期《ことう》（慶長以前の刀剣を総称して「古刀」という）では現存最長である（図11）。『太平記』最長の七尺三寸の太刀もけっして誇張とはいえないのである。

なお、阿保は「太刀を抜いて、鞘をば河中に投入」とある。太刀という刀剣様式は、鞘に施した一対の足金物《あしがなもの》に帯執《おびとり》を取り付け、帯執に佩緒《はきお》を通して佩緒で左腰に佩く（吊り下げる）外装様式をいう。しかし、大太刀では、寸法によっては腰に佩くことが困難なため、太刀といっても足金物などの佩帯《はいたい》装置がなく、鞘は刀身の保管のためだけにある場合がある。その場合、その大太刀は従者に持たせるか、自身の肩に担ぐなどの方法で所持し、後者の場合は、抜き身を所持することもあり、鞘に入れたままならば、太刀使用に際し、阿保のように鞘を放棄することになる。つまり阿保の大太刀の鞘も佩帯装置がなかった可能性がある。

また、大太刀の外装には、足金物ではなく、刀の佩帯装置である栗形《くりがた》が付くものもある。これは栗形に長い緒《お》を通して、大太刀を背中に背負うためで、そのことを輪束《わっそく》という。ただし、刀剣の太刀・刀などの区別はあくまで外装様式によるべきであるから、輪束用の大太刀の鞘は、様式としては大刀《おおがたな》とよぶべきであろう。

蛤刃と貝鎬

ところで、『太平記』最長の七尺三寸の太刀は、「だびら広に作りたるを、鐔《つば》本三尺計をいて蛤《はまぐり》歯《ば》に掻合せ《かきあわ》」と記述されている。「だびら広」と「蛤歯」がポイントだが、江戸幕府の命で和学講談所《わがくこうだんしょ》が編纂した、武家関係の用語・用例集ともいうべき『武家名目抄《ぶけみょうもくしょう》』という書物に解説があり（刀剣部）、前者は「刃の巾《はば》の広き」こと、つまり刀身の幅（身幅《みはば》という）が広いことをいう。長寸の刀身の身幅が広くなることは肯《うなず》けよう。

もっとも大太刀刀身遺品は、長寸で身幅が広い割には厚み（重《かさ》ねという）が薄いものが多い。また、中世以降の太刀刀身は鎬造《しのぎづくり》という構造になり、鎬筋《しのぎすじ》から刃までの面を平地《ひらじ》、刃と逆側の棟《むね》までの面を鎬地《しのぎじ》という。平地の断面は鎬部分から刃に向かって重ねが薄くなるのに対し、鎬地は鎬の部分と同幅の重ねとなるが、大太刀刀身遺品では、鎬地に棒樋《ぼうび》という溝を彫ったものも多い。大太刀刀身遺品にみられるこうした処置は、いずれも重量軽減のためと考えられる。

蛤歯（蛤刃）については、『武家名目抄』では、平面である平地にふくらみ（丸み）を持たせたもの（鑑定でいう「平肉《ひらにく》がある」という状態）という。平地のふくらみが殻を閉じた蛤（二枚貝）を連想させることからの命名であろう。阿保の四尺六寸の太刀の「貝鎬《かいしのぎ》」（『太平記』では他に二例ある）も、伊勢貞丈《さだたけ》によればこの蛤刃とほぼ同様の状態をいうようで、貝鎬は正しくは「櫂鎬」ではないかという（『安斎随筆《あんさいずいひつ》』巻十八など）。これも平地のふくらみが舟を漕ぐ櫂《かい》の形を連想させるからで、蛤を連想させることと同様の発想である。

さらに『武家名目抄』によれば、「鐔本三尺計をいて」とあるのは、鐔本つまり刀身本体と茎《なかご》の境である区《まち》の部分から三尺ほどは刃がない状態をいい、その三尺から先が蛤刃になるという。日本刀の刃は、焼き入れによる焼き刃と、焼き刃を研《と》いだ研ぎ刃の二段構成を特徴とするが、この場合の刃がないというのは、研ぎ刃がないという意味である。事実、大太刀刀身遺品には、焼き刃は区まで入っていても、研ぎ刃は区際《まちぎわ》まで入れないものも多い。先の法光もそうである。大太刀の研ぎ刃は刀身全体には必要ないのである。

なお、新作の刀身では、短刀でも区の部分には研ぎ刃を入れない習慣があり、その部分を「うぶ刃」という。この習慣がいつの時代まで遡るのかは不明だが、刃区の部分まで研ぐとその部分が欠損しやすくなるため、それを防ぐ目的であることは確かであろう。

以上のような『武家名目抄』の解釈は、日常的に刀剣を所持していた時代の、しかも所持していた人々による解説であるから、遺品に照らしても説得力があるが、文献の解釈として、あえて別の解釈も示しておけば、蛤歯とは、鐔本三尺の研ぎ刃のない部分を表現したとも考えられる。研いでいない刃の部分をみると、閉じた蛤（二枚貝）の殻が合わさった部分を連想させもするからである。この解釈では「をいて」とある部分の解釈に無理が生じるかもしれないが、平肉があることをいうのだとすると、そこは刃部に続いてはいるが、刃そのものではないため、蛤歯（蛤刃）と表現されているのが気になるのである。

磨上

ところで、大太刀に関連してさらにいえば、じつは前掲したような、製作当初の「生《う》ぶ」の構造を伝える大太刀・大長刀の遺品は貴重で、その多くは後世に磨上《すりあげ》られている。磨上とは、本来の刀身を茎の側から寸法を詰めることをいう。これは太刀よりも打刀が盛行する中世から近世への移行期に、太刀から打刀に改造するため行われることが多く、その際には「反《そ》りを伏せる」といい、反りを浅くすることさえある。

磨上の程度は本来の刀身の寸法などによってさまざまで、本来は在銘であったものも大きく磨上れば無銘になり（この場合は厳密には大磨上《おおすりあげ》という）、逆に磨上の程度が小さければ銘が残る場合もある。しかし、磨上て無銘となったものでも、鑑定で南北朝期と極《きわ》められた遺品は大鋒《おおぎつさき》で身幅が広く、本来は長寸であったことを推測させる遺品が多い。

なお、博物館の展示解説や各種の図録集の解説では、磨上遺品でも本来の製作時代が記されている。しかし、磨上遺品で、たとえば南北朝期と記されていても、それは本来の製作年代が南北朝期なのであって、現状の構造はけっして南北朝期の構造ではない。したがって、現状の構造で南北朝期の刀剣を云々することはできない。その点誤解しやすいので注意が必要である。

打物騎兵の一騎討

さて、いよいよ秋山と阿保の一騎討描写である。

③相近になれば、阿保と秋山と（中略）、弓手《ゆんで》に懸違《かけちが》へ馬手《めて》に開合

て、秋山はたと打てば、阿保うけ太刀に成《なり》て請《うけ》流す、阿保持て開てしと、切れば、秋山棒にて打則《うちそむ》く、三度逢三度別ると見へしかば、秋山は棒を五尺許切折れて、手本僅《わずか》に残り、阿保は太刀を鐔本より打折れて、帯添《はきぞえ》の小太刀許憑《たのみ》たり、

まずはこの記述から馬上打物による一騎討で戦う方向を考えたい。引用には「弓手に懸違へ馬手に開合て」とみえる。騎射の一騎討が弓手側ですれ違うとすれば、打物特に太刀の片手使用の場合、右手で使用するわけだから、騎射の場合とは逆に馬手側ですれ違うと考えるのが自然である。とすれば、「馬手に開合」った時に戦うことになる。

しかし、騎射でも前方への弓射ならば、馬の頸《くび》の左右どちら側の弓射でも可能となるが、打物の場合はそれ以上に、両手使用でも片手使用でも馬の頸の左右どちら側への攻撃も可能となろう。であれば、「弓手に懸違」った時に戦ったとも解釈できる。事実、中世ヨーロッパの騎士による馬上槍《ほこ》試合では、弓手側ですれ違い、その時に槍を突き合うのであり、その甲冑《かっちゅう》も弓手側の防御がより強化されている。また、『太平記』の馬上打物でも、のちにみるように弓手側で戦っている例がある。馬上打物で弓手側で戦うことの可否についてはそこでふれるが、馬上打物でも必ずしも馬手側で戦うとは限らないのである。

ちなみに、馬上での長寸な打物使用の問題についてふれると、通説では、南北朝期の太刀の長寸化に、馬上での片手（右手）使用から徒歩での両手使用への移行をみ、それを根拠のひとつとして、南北朝期は徒歩打物の時代であるというわけである。

つまり通説は、長寸で重量もある大太刀を馬上でしかも片手で扱うことは困難だというのである。しかし、馬上だからといって打物が両手で使用されないわけではなかろうし、大太刀だからといって徒歩での両手使用に限定されるものでもなかろう。弓箭は両手で扱うのであるから、騎射では手綱《たづな》などは持たないわけで、馬上で手綱から手を離し、両手で打物を扱うこともなんら不自然ではない。特に、秋山が使用している棒や、後にみる長刀や鑓《やり》などの長柄の打物は馬上でも両手で使用するであろう。

大太刀の実用性

また馬上使用に限らない刀身の重量という点では、大太刀では、重ねを薄くしたり、鎬地に棒樋を彫るなどの重量軽減化が計られている点はすでに指摘した。さらに、著者は、平成六年（一九九四）一月に愛知・熱田神宮で開催された『大太刀と小道具』展の展示と撤収のお手伝いをさせていただいたり、またその他の機会で、前掲の古刀期最長の長船法光や飯野八幡宮の長船盛景をはじめとする大太刀・大長刀を何振も実際に手に取っている。

その経験からいえることだが、長寸な太刀でも反り具合や柄の状態などの微妙な調整で手持ちは良くなるものである。

法光にしても、著者は数回手にしているが、その重量は十四キロ近いものの、実際に持ってみると、見かけの豪壮さに反し、意外と持ちやすい。むろん振り回すことは難しかろうが、「三度逢三度別」という記述からも察せられるように、打物戦とは一撃戦であり、一撃戦ならば使用は十分に可能である。打物戦というとわれわれはチャンバラを想像するが、チャンバラというのは前近代の打物戦の実態ではなく、近代映画の世界で作り出されたものである。

外装との関係

大太刀の実用性として、次に外装との関係を考えてみよう。柄の状態の微妙な調整で、大太刀でも手持ちが良くなることは述べたが、外装が失われた刀身だけの遺品の場合、外装（柄）との関係を示すのが、茎に開けられた目釘孔《めくぎあな》である。

茎と柄は目釘を通して固定するわけだが、その目釘を通す孔が目釘孔である。通常は目釘はひとつで十分であるが、実戦を想定した場合、大太刀や長柄では、目釘がひとつでは茎と柄を固定しきれず、複数（二個ないし三個）の目釘が必要になる。しかもその目釘孔は、長寸の茎に均等に開ける必要がある。これが実戦を想定していない奉納用の刀身では、どんなに長寸でも目釘孔は形式的にひとつで十分なのである。

したがって、茎に複数の目釘孔が均等に開いているかどうかが、大太刀などの刀身が実戦を想定したものかどうかの判断のひとつの目安となる。ところが、法光の場合、長寸の茎に目釘孔が三個均等に開いており（図11）、ここからも法光が実戦を想定した刀身であることが予想できるのである。

もっとも、短刀や通常の寸法の刀身でも、茎に目釘孔が複数開いている場合がある。しかしこれは、当初から複数なのではなく、柄を取り替えた結果複数になったのである。現在の職人さんの話によると、新しい柄側の目釘孔を本来からある茎の目釘孔に合わせるよりも、新しい柄側の目釘孔に合わせて茎に新たに目釘孔を入れる方が仕事がしやすいらしい。ただし、その場合の目釘孔の位置はまったく不均衡となり、その数も場合によっては五個も六個も開いている遺品もあり、製作当初からの孔でないことは明確である。

また、鐔の面から大太刀の使用を考えると、図12（次ページ）に描かれた大太刀は車輪《しゃりん》透《すかし》の鐔であるが、大太刀の鉄鐔や大太刀のそれであったと思われる鉄鐔には、かかる車輪透や同類の菊花《きっか》透《すかし》などの遺品が多い。これは一面では鐔の重量軽減化でもあるが、透か

図12　騎馬武者像(伝足利尊氏画像)　京都国立博物館蔵

しの部分のどこにでも紐《ひも》を通せるようにしたためではなかったかと考えられる。手にその紐を絡《から》めて柄を握ると握力が増加するからである。なお、『太平記』巻十七・十六騎勢入金崎事には「(武田五郎)京都の合戦に切れたりし右の指未《いまだいえ》レ痊ずして、太刀のつかを挙るべき様も無《なか》りければ、杉の板を以《もつ》て木太刀を作て、右の腕にぞ結付たりける」という記述があるが、これとは別である。

大太刀と馬上使用

このように、大太刀といえども実戦使用が想定されているし、また想定できる。そこで再び馬上使用の問題にもどると、そもそも馬上から振り下ろすだけが打物の使用法ではないであろう。打物を水平に持つ、あるいは棒ではその両端を二騎の騎兵が持って突進し、敵をなぎ倒すといった使用法も考えられる。

また、外装の問題では、太刀の鞘は刀身を抜いた後は、ほとんど垂直に垂れてしまう。だからこそ太刀の鞘尻の金物を石突というわけだが、徒歩の場合、長寸の太刀では空鞘《あきざや》を引きずって戦うことになる。これに対し、騎馬では引きずることはない。太刀の長寸化と馬上使用はこうした空鞘の処理とも関係しているのではなかろうか。

なお、のちにみるように、室町時代には戦闘が総体に徒歩化するが、室町期以降の太刀の帯執には、大太刀に限らず、空鞘が垂直に垂れないように、綯上《ないあげ》といって空鞘を水平に

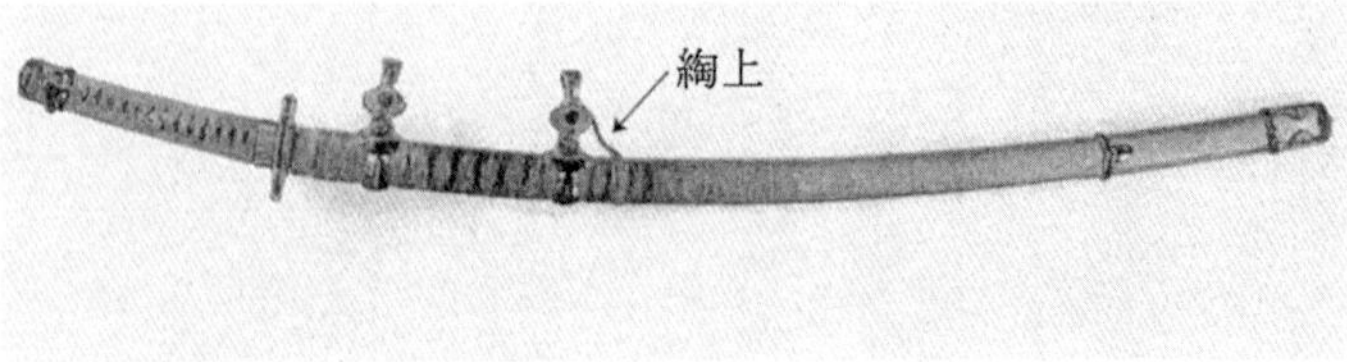

図13　金箔押韋包太刀
鞆上とは，帯執の左右に鞘に向かって斜めに渡される緒をいう。本遺品では，太鼓韋《たいこがわ》様式の後方の帯執に鞆上の一部(右側のみ)が残存している。総長103.6cm。談山神社蔵。

保つ装置が施されるようになる（図13）。

なによりも、打物の長寸化はむしろ馬上使用にこそその要因があったように考えられる。つまり徒歩で戦うよりも馬上で戦う方が相手との距離が必要であろうから、そのための長寸化ではなかったかと思われる。しかも、応永年間頃から打刀刀身遺品が急増することはふれたが、じつは室町時代は、法光のような大太刀がある一方で、総体的には刀身の寸法が尋常化する時代であり、南北朝期が刀身が長寸化する時代とすれば、室町時代はいわば刀剣が短寸化する時代といえる。このような遺品の傾向（短寸化）は徒歩使用が要因であると考えられるが、このことと対比して考えれば、南北朝期での打物の長寸化と馬上使用は密接な関係にあったことになろう。

『太平記絵巻』

ところで、『太平記』を題材にした絵巻に『太平記絵巻』がある。この絵巻については、近年その全容がわかってきた。全十二巻あり、模本を含めた所蔵先は、以下のようである。

○巻一・二・埼玉県立博物館蔵（巻二は新出）
○巻三・ニューヨーク・パブリックライブラリー蔵（スペンサー本Ａ・屏風仕立て）
○巻四・ボストン美術館蔵（模本・新出）
○巻五・国立歴史民俗博物館蔵（新出）
○巻六・不明
○巻七・埼玉県立博物館蔵（新出・東京国立博物館に白描模本あり）
○巻八・ニューヨーク・パブリックライブラリー蔵（スペンサー本Ｂ）
○巻九・東京国立博物館蔵（白描模本）
○巻十・ボストン美術館蔵（模本・新出）
○巻十一・十二・国立歴史民俗博物館蔵（ともに新出、巻十二はボストン美術館に模本あり）

本絵巻の原本は海北友雪《かいほうゆうせつ》（一五九八〜一六七七）の作で、東京国立博物館蔵の白描模本《はくびょうもほん》（巻七・九）は谷文晁《たにぶんちょう》（一七六三〜一八四〇）の作である。全体の描写は、中世の著名な絵

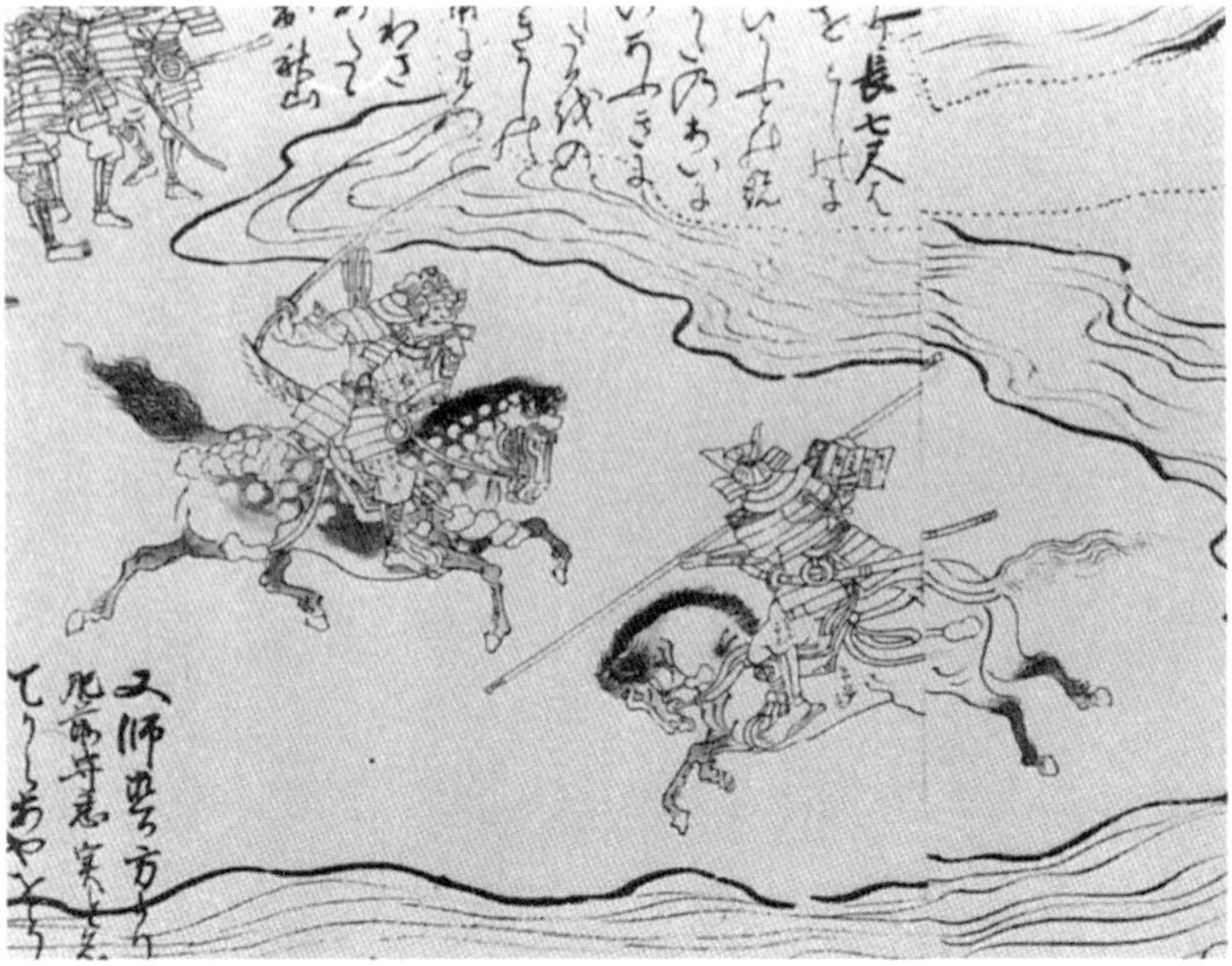

図14　阿保・秋山の一騎討　『太平記絵巻』巻9（東京国立博物館蔵）より

巻から構図をそのまま持ってきている部分も多いが、『太平記』の記述に忠実な面もみられ、『太平記』よりもはるかに後代の近世初期の作品であるが、少なくとも本書で使用している古活字本『太平記』の成立とほぼ同時代に、『太平記』の記述がどのように理解されていたかを知る参考にはなる。

そこで、本書で引用する『太平記』の記述内容のうち、本絵巻に描かれているものがあれば紹介したいが、この秋山と阿保の一騎討は巻九に描かれている（図14）。それによれば、両者は騎馬で、秋山は弓箭がなく、棒を両手で扱う打物騎兵で、阿保は矢を負う弓射騎兵に描かれているが、大太刀を右手で使用し、両者は馬手側ですれ違う位置関係に描かれている。少なくとも絵巻では秋山・阿保の一騎討をそのように解釈したのである。

武具としての鉞

さて、もう一例の一騎討をみよう。

巻三十二・山名右衛門佐為敵事

(長山《ながやま》遠江守《とおとうみのかみ》)洗《あら》ひ皮の鎧《よろい》の妻取たるに龍頭《たつがしら》の甲《かぶと》の緒を縮、五尺許なる太刀二振帯《はい》て、歯の亘《わた》り八寸計なる大鉞《おおまさかり》を振かたげて、(中略)件《くだん》の鉞を以て開き、甲の鉢を破よ砕けよと思様に打ける処を、氏範《うじのり》太刀を平めて打背《うちそむ》け、鉞の柄を左の小脇に挟て、片手にてえいやとぞ引たりける、引れて二疋の馬あひ近に成ければ、互に太刀にては不レ切《きられず》、鉞を奪はん奪れじと引合ける程に、蛭巻《ひるまき》したる樫木の柄を、中よりづんと引切て、手本は長山が手に残り、鉞の方は赤松が左の脇にぞ留りける、

ここは誇張はあるが、長山遠江守と赤松氏範とのやはり馬上打物による一騎討である。赤松の行粧描写はないが、長山はやはり弓箭はなく、五尺の大太刀二振りと大鉞という複数の打物を佩帯した打物騎兵である。ここではやはり新しい打物である鉞についてみよう。鉞という攻撃具(あるいはそれと類似の兵器)は、諸外国では兵器体系のなかに組み込ま

れているが、日本で武具としての使用がみられるのは『太平記』からで、引用の他に「猪《い》の目透したる鉞の歯の亘一尺許ある」（巻十七・山攻事、前の「九尺に見る樫木の棒」と同時佩帯）がある。他には前述のように図10にみえ、また『十二類合戦絵巻』には、戈に似た武具もみえることもすでにふれた。鉞や戈に似た兵器は、兵器としてよりも城郭の破却などに使用されたともいうが、打物としてみた場合、その破壊力は凄まじいものがあろう。引用では長山は赤松の冑の鉢を狙っているが、当たればひとたまりもない。

この赤松と長山の一騎討の結果は長山が逃げて終わるが、その後、赤松は長山から奪った柄の欠けた鉞で奮戦し、「奪取たる鉞にて、逃る敵を追攻々々切けるに、甲の鉢を真向まで破付られずと云者なし、流る、血には斧《おの》の柄も朽《くち》る許に成《なり》にけり」と記述されている。これも必ずしも誇張表現とはいえないであろう。

ちなみに鉞（斧）は、三点の遺品が重要文化財に指定されている。それぞれ①滋賀・近江神照寺《しんしょうじ》（奈良国立博物館所蔵、図15）、②岐阜・白山長滝《はくさんながたき》神社、③栃木・輪王寺《りんのうじ》に伝世した遺品である。身はいずれも撥《ばち》状で猪目透かしが入り、背側は花先型となっているが、形状は三者三様である。刃長は①八寸四分、②六寸五分、③四寸八分で、①は長山の得物《えもの》とほぼ同様の刃長の大鉞である。

柄は、①③が木製で金銅の逆輪《さかわ》（刀身側の筒金物をいう）・蛭巻《ひるまき》・石突が施され、②も木製で蛭巻の痕跡がある。寸法は、①五尺九寸、②三尺六寸六分、③三尺一寸六分で、大阪・誉田八幡宮の長刀の柄の寸法が四尺九寸一分であるから、①は長刀に匹敵する寸法である。

なお、刃は研ぎ刃だけで、いずれも焼き刃はないようである。また、①は南北朝から室町時代、②は鎌倉時代の遺品で、③は平安時代まで遡るという。ただし、これらの鉞は、武具として伝世したのではなく、修験者が霊峰入山の際に携帯するいわゆる「入峰《にゅうぶ》の斧」であり、修験道具として伝世したものである。

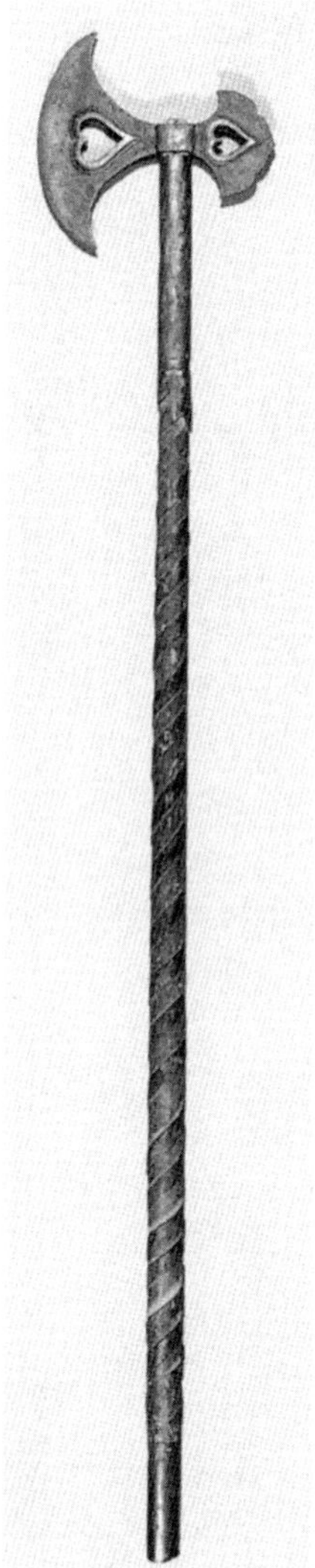

図15　蛭巻柄入峰斧　総長一七九・八㌢　刃長二五・五㌢　奈良国立博物館蔵

さて、これまで南北朝期以降の新しい打物として棒や鉞についてふれたが、南北朝期以降の新しい打物といえば鑓がある。すでにふれたように、鑓は元弘《げんこう》四年（一三三四）の「曾我乙房丸代道為合戦手負注文」にみえる「矢利」が初見であるから、成立はそれ以前鎌倉末期頃と考えられる。遺品としては、鎌倉末期の来国俊《らいくにとし》銘の遺品が最古に近い遺品であるが、その銘は偽銘《ぎめい》ともいう。

鑓

『太平記』では管見で次の六例の鑓がみえる。

①巻十五・三井寺合戦事

（三井寺側）三方の土矢間《つちさま》より鑓・長刀を差出して散々に突ける、

②巻二十五・住吉合戦事

（和田源秀）洗皮の鎧に、大太刀・小太刀二振帯て、六尺余の長刀を小脇に挟み、閑々と馬を歩ませて、（中略）（阿間了願）唐綾威の鎧に小太刀帯て、柄ノ長一丈許に見へたる鑓を馬の平頸ニ引副《ひきそえ》て、（中略）只二騎つと懸入て、前後左右を突て廻に、小手の迦《はずれ》・脛当の余り・手返《てへん》の直中《ただなか》・内甲《うちかぶと》、一分もあきたる所をはづさず、矢庭《やにわ》に三十六騎突落して、

③巻二十九・師直以下被誅事

（吉江小四郎）鐺を以て（高師泰の）胛骨《せぼね》より左の乳の下へ突撤す、突れて鐺に取付、懐に指たる打刀を抜んとしける処に、吉江が中間走寄、鐙《あぶみ》の鼻を返して引落す、落れば首を掻切て、あぎとを喉へ貫、とつ付に著《つけて》馳て行、

④巻三十・住吉松折事

（落馬した細川頼春に対し）和田が中間走懸て、鐺の柄を取延て、喉吭《のどぶえ》を突て突倒す、

⑤巻三十四・紀州竜門山軍事

（塩谷伊勢守）黄瓦毛なる馬の太く逞きに、紺糸の鎧のまだ巳の剋なるを著たる武者、濃紅の母衣《ほろ》懸け、四尺許に見へたる長刀の真中拳《にぎつ》て、馬の平頸に引側め、（中略）馬に箭三筋立、鐺にて二処つかれければ、馬の足立兼て、嶮岨なる処より真逆様に転ければ、

⑥巻三十七・新将軍京落事

（細川清氏の軍略）官軍は、皆跣立《かちだち》に成て一面に楯をつきしとみ、楯の陰に鐺・長刀の打物の衆を五・六百人づゝ調えて、

成立以後の鐺の普及は早かったようであるが、しかし、『太平記』では③④以外は鐺と長刀は併用されている。③にしても引用は鐺だけだが、引用の直前には、

③´（三浦八郎左衛門）長刀の柄を取延て、（高師直の）筒中を切て落さんと、右の肩崎より左の小脇まで、鋒さがりに切付られて、あつと云処を、重て二打うつ、打れて馬よりどうど落ければ、三浦馬より飛で下り、頸を掻落、

とあって、戦場ではやはり長刀と併用されていたことがわかる。これは絵巻などでも同様で、鑓と長刀は長く併用されており、鑓が長刀を凌駕《りようが》して隆盛するのは、戦国後半期頃からで、打刀大小二本差しとともに近世武士を象徴する武具となっていく。

また、鑓といえば、戦国期の足軽《あしがる》の使用を筆頭に歩兵の武具というイメージが強く、鑓の成立も歩兵との関係が重視されてきた。しかし、『太平記』では、①④⑥が徒歩（歩兵）の使用、②③が馬上（騎兵）の使用、⑤が不明（歩兵使用か）であり、確かに鑓と歩兵との関係は強いが、一方で騎兵の使用もみえており、鑓を歩兵の武具と限定することはできない。鑓が隆盛する戦国後半期になると、足軽などの歩兵が使用する、柄が二～三間もある長寸で作りは粗末な数鑓《かずやり》と、武将などの騎兵が使用する、長さ九尺以下で入念な作りの持鑓《もちやり》（手鑓《てやり》とも）とに分かれるように、鑓は騎兵にとっても有効な武具だったのである。

「やり」の表記

なお、ここで鑓という表記について改めて一言ふれておきたい。現在では「やり」は槍と表記されるのがふつうで、「やり」に類似する世界各

国の長柄の刀剣もすべて槍と表記して「やり」と訓読している。しかし、槍を「やり」と訓読するようになるのは近世からで、近世でも『武家名目抄』のような正式な文献では、「やり」に槍の表記は使用されていない。槍は古代・中世では「ほこ」であり、逆に「やり」の表記は、本書でこれまで使ってきた鑓か、または鎗が正しい。

しかも、「ほこ」と「やり」は類似性はあるが異なる武具であり、両者は時間的にも断絶し、「ほこ」が変化して「やり」になったのではない。また、「ほこ」は古代以来の全世界普遍的な武具であるが、「やり」は鎌倉末期頃に成立した日本独自の武具である。「やり」が日本独自の武具であることは、鑓という字が中国の漢字ではなく、日本で作られた漢字（つまり国字）であることからも明らかであろう。したがって、「やり」に槍の表記を使うことは誤用であり、ましてや「やり」という翻訳を全世界的に使用するのは誤りで、「ほこ」という翻訳を用いるのが正しい（「ほこ」の漢字表記がさまざまである点はすでにふれた）。ヨーロッパ中世の騎士による馬上槍試合も、槍の表記を用いることは正しいが、「やり」試合ではなく、「ほこ」試合と読むべきなのであり、また投槍も「なげやり」ではなく、「なげぼこ」なので、陸上競技の「ヤリ投げ」も「ホコ投げ」なのである。

▲図16　**打物騎兵・弓射歩兵・打物歩兵による戦闘**　打物騎兵・弓射歩兵・打物歩兵による中世後期の戦闘風景。図1～4の『前九年合戦絵巻』に描かれた弓射騎兵主体の戦闘と比較することで，相違は明らかとなろう。なお，画面右手手前の騎兵(鍬形の冑をかぶる)が馬上で長刀を持っている。『結城合戦絵巻』(国立歴史民俗博物館蔵)より。

▼図17　打物騎兵・弓射歩兵・打物歩兵に弓射騎兵を交えた戦闘

応仁の乱を描いた場面。打物騎兵・弓射歩兵・打物歩兵に弓射騎兵を交えた中世後期の戦闘を描いている。画面中央手前の歩兵は，露頂《ろちょう》で月代《さかやき》を剃り，背中引合の胴丸を着用し，鑓を使用しており，中世後期らしい打物歩兵である。なお，画面右端の騎兵(鍬形の冑をかぶる)が馬上で長刀を持っている。『真如堂縁起絵巻』下巻第３段(真正極楽寺蔵)より。

長刀の馬上使用

さて、引用に戻ると、鐺以上に注目されるのが、②③⑤にみえる長刀の馬上使用である。じつは長刀の馬上使用は、管見では『平家』など当時の軍記物語には一例もみえないし、中世前期の絵巻類にもみられない。ところが、『太平記』にはみられるのであり、十五世紀末の成立という『結城合戦絵巻《ゆうき》』（零本《れいほん》）や大永《だいえい》四年（一五二四）の外題《げだい》のある『真如堂縁起絵巻《しんにょどう》』下巻第三段などの中世後期の絵巻（前ページ図16・17）には、馬上で長刀を持つ騎兵が描かれている。そしてその過渡期の様相を描いて注目されるのが、延慶《えんぎょう》二年（一三〇九）の目録が付属する『春日権現験記絵《かすがごんげんげんき》巻』であり、その巻二第二段には長刀を持った騎兵が描かれており（次ページ図18）、管見ではそれが初見と思われる。

なお、②③⑤の騎兵は弓箭はなく、いずれも打物騎兵であり、図16・17に描かれているのもみな打物騎兵である。しかし、図18は弓箭を佩帯した弓射騎兵でありながら、さらに長刀も所持している。その点からも過渡期の様相といえようか。

下馬打物

ところで、⑥では「鐺・長刀の打物の衆を五・六百人づゝ」と、鐺・長刀の使用者が数百人単位の専門集団として把握されている。この点については射手の問題とともにのちに考えたいが、ここで注目したいのは、官軍が「皆跣立に成」

図18　弓射騎兵・打物歩兵による戦闘
弓射騎兵主体に打物歩兵を交えた戦闘で，前方射(画面右端の騎兵)，押し捩り(画面左端白馬の騎兵)など，総体的には中世前期の戦闘の様相を示す。そのなかに，画面中央手前の騎兵は弓箭とともに長刀を持ち，またその奥には，馬上で熊手を使う弓射騎兵も描かれ，中世後期への過渡期的様相もみせる。『春日権現験記絵巻』(模本)巻2第2段(東京国立博物館蔵)より。

ったとある点である。つまり官軍は皆騎馬で、戦闘に際して下馬したことがうかがえる。ただし、鑓・長刀の打物《うちもの》の衆が、この下馬した騎兵に含まれているかどうかは、引用では明確さを欠く。

しかし、『太平記』では、「(薬師寺十郎次郎)馬より飛でをり、二尺五寸の小長刀の石づきを取延て」(巻十六・正成兄弟討死事)、「(長尾孫六・平三)二人が勢五百余騎は皆馬より飛下り、徒立《かちだち》に成て射向の袖を差簪《さしかざ》し、太刀・長刀の鋒をそろへて」(巻三十・薩多山合戦事)、「(法性寺左兵衛督)馬より飛で下り、四尺八寸の太刀を以て」(巻三十一・南帝八幡御退失事)などと、騎兵が下馬して打物を使用している例がある。これを『平家』でみた落《らく》馬打物《ばうちもの》に対して、打物使用に際して意識的に下馬していることから、「下馬打物《げばうちもの》」とよぶこととするが、これらの騎兵も打物騎兵である。つまり『太平記』の打物騎兵の戦闘は、馬上打物ほどではないが、一部で下馬打物も見られるのである。

馬上打物での攻撃と防御

ここで馬上打物での攻撃と防御について考えよう。素材は次の戦闘描写である。

巻二・唐崎浜合戦事

(快実)二尺八寸の小長刀水車に回して躍り懸る、海東是を弓手にうけ、冑の鉢を真二に打破んと、片手打に打けるが、打外して、袖の冠板《かんむりのいた》より菱縫《ひしぬい》の板まで、片筋《かたすじ》かいに懸ず切て落す、二の太刀を余りに強く切んとて弓手の鐙を踏をり、已《すで》に馬より落んとしけるが、乗直りける処を、快実長刀の柄を取延、内甲へ鋒き上に、二つ三つすき間もなく入たりけるに、海東あやまたず喉ぶえを突れて馬より真倒に落にけり、

行粧描写がなく、打物騎兵か否かは不明だが、馬上打物の海東左近将監《しょうげん》（六波羅側の大将）と、打物歩兵の快実（叡山《えいざん》の悪僧）の一騎討である。快実が小長刀で攻撃し、海東が太刀の片手打で応戦しているが、注目されるのは、海東が快実の攻撃を「弓手にうけ」とある点である。これは海東が快実の攻撃を大鎧の弓手の袖で防御したということで、両者は海東の馬の弓手側で戦っていることになる。これが前にふれた馬上打物で弓手側で戦っていると考えられる一例である。

弓手側での戦いが海東と快実のどちらの意志なのかは微妙で、記述の主体は海東であるから、海東の意志である可能性もある。しかし、いずれにしろ騎兵である海東にとって弓手側での戦いは、攻撃と防御のコンビネーションを考慮すると、かなり理に適《かな》っていると考えられる。

すでに中世ヨーロッパの騎士の馬上槍試合では、両者は弓手側ですれ違いざまに槍を突

き出し、甲冑も左側の防御が強化されていることはふれた。さらに騎士をはじめとする長槍や長剣で戦う各国の打物騎兵は、打物を右手に持ち、左手には楯（手楯《てだて》）を持つのがふつうである。右手で持った打物は馬の左右どちらでも使用できるが（特にそれが長寸ならばなおさら）、左手に持った楯で右側を防御するのはなかなか難しい。海東の場合も、太刀は片手打つまり馬手《めて》で使用しているが、馬手側での戦いならば、攻撃だけで、防御は左右どちらの袖でもできないからである。しかし、弓手側ならば、弓手の袖で防御をしながら攻撃ができる。

大鎧の左右の袖は手楯の応用で、手に持つべき楯を肩に取り付けたものという。左右の袖のうち、騎射戦では左側の射向《いむけ》の袖が重視されているが、それは馬上打物戦（徒歩《かち》打物《うちもの》戦でも同様であろう）でも同様のようである。左側の袖はまさに手楯の応用といえよう。

水車に回す

なお、快実は小長刀使用に際して「水車に回す」とあり、『太平記』では他にも「四尺余の大長刀水車に廻して」（巻八・山徒寄京都事）とあり、長刀に対する慣用表現のように使用されている。遠心力を利用して攻撃する長刀は、「なぎなた」の名称の由来である「薙《な》ぐ」をはじめ「打つ」「切る」「突く」といった刀剣のあらゆる機能が可能であると同時に、振り回して使用するものであるから、「水車にまわす」

という表現が出てくるのもうなずける。この長刀を水車に回すという行為は、芸能としてもあるらしい。

武士の変質

以上、『太平記』の打物および打物戦の諸相をみてきた。『太平記』の戦闘といえば、通説では徒歩打物戦の激化が注目されてきた。換言すれば打物歩兵の増加である。確かに、快実のような打物歩兵の活躍や、また下馬打物などを考慮すると、徒歩打物が時代の特徴であるとする通説も一面では事実を伝えていよう。

しかし、著者が何よりも注目したいのは、打物騎兵の登場と、それにともなう馬上打物戦の激化である。馬上打物については、『太平記』では、行粧としては弓箭を加えた弓射騎兵でありながら、戦闘では弓箭を使用せず、馬上打物を行っている例さえある（巻九・久我畷合戦事の名越尾張守など）。そして、打物騎兵の登場は、前章までの考察からわかるように、六世紀以来、弓射騎兵を伝統とした日本の騎兵史上での画期的な変化なのであり、それは戦士としての武士の大きな変質を示しているのである。

『太平記』の弓箭戦

弓射戦の変質

以上のような打物《うちもの》戦に対し、弓箭《ゆみや》戦はどうであろうか。通説では、徒歩打物戦の激化とともに、騎射《きしゃ》の減退が指摘され、弓箭の使用は減少したという錯覚さえ伴うほどに、打物戦ばかりが注目されてきた。しかし、実際は弓箭の重要性はむしろ増加しており、軍忠《ぐんちゅう》状《じょう》などの分析でも、負傷の最多は矢傷《やきず》であった。ただし、弓《きゅう》射騎兵《しゃ》による騎射中心の前代とは、その使用には大きな変質がみられる。その様相をみていこう。

打物歩兵の行粧

まず弓射騎兵による騎射の戦闘をみよう。打物歩兵との一騎討である。

巻八・四月三日合戦事

①（田中盛兼）鏁《くさり》の上に鎧《よろい》を重《かさね》て着、大立挙《おおたてあげ》の臑当《すねあて》に膝鎧《ひざよろい》懸《かけ》て、龍頭《たつがしら》の冑《かぶと》猪頸《いくび》に着成《きな》し、五尺余りの太刀を帯《は》き、八尺余のかなさい棒の八角なるを、手元二尺許《ばかり》円《まる》めて、誠に軽げに提《ひっさ》げたり、

最初に弓射騎兵と対戦する打物歩兵（田中）の行粧《いでたち》を示した。時代の特徴の出た行粧で、「かなさい棒」などの攻撃具についてはすでに分析したので、ここでは防御具についてみたい。

大鎧・星冑の変化

まずは甲冑《かっちゅう》だが、田中は大鎧《おおよろい》に龍頭《たつがしら》の冑《かぶと》（おそらく星冑《ほしかぶと》）を被《かぶ》っている。南北朝期以降の鍬形《くわがた》や龍頭の普及や、鍬形の形状変化についてはすでにふれた。龍頭の普及という点では、前代では一部の騎兵にだけ使用された龍頭の冑を、打物歩兵が被っていることがそれを補強しようが、この時代、大鎧やそれに付属する星冑本体にも変化が起こっている。

さまざまな変化がみえるが、そのうち大鎧では、シルエットの変化がある。大鎧は騎射戦（特にその防御）を考慮した甲《よろい》である。いわば弓射騎兵の甲である。そこで、当初の大鎧は、馬上からの弓射の腰の捻《ひね》りを考慮して裾《すそ》開きのシルエットであった。それが南北朝期以降は、腰が窄《すぼ》まり、同時に、それまで平面であった草摺《くさずり》一間ごとの両端が内側に湾曲

して（鎹《かすがい》撓《だめ》という。その成立は腹巻でも同様）、身体密着型の新しいシルエットとなる。これは騎射戦よりも動きの激しい打物戦への対応と、大鎧が歩兵にもさかんに使用されるようになったことが要因と考えられている。田中の行粧などはまさにその典拠となるべきものであり、逆に田中の大鎧は、腰の窄まった新様式のシルエットを思わせるのである。

星冑の変化としては、𩊱《しころ》がある。𩊱は後頭部から首の背面と左右を防御する札《さね》威《おどし》製の部分で、本来は、葺《ふ》き下《お》ろしといい、鉢からそのまま下に垂れていた。ところが、南北朝期以降は、鉢の下辺外周に施す腰巻板《こしまきのいた》という帯金《おびがね》の下辺を上に捻り返して𩊱を取り付け、𩊱が扁平に広がるようになった。これを笠𩊱《かさじころ》という。変化の理由としては、動きの激しい打物戦で𩊱が邪魔になることへの対応とするのが通説だが、背後からの打物の攻撃に対する防御に対応したものとする新説もある。いずれにしろ、田中の冑は笠𩊱であろう。なお、南北朝期以降に成立した筋冑《すじかぶと》は、すべて笠𩊱である。

小具足の変化

次は小具足《こぐそく》である。引用では小具足に時代の特徴がより明瞭である。小具足とは、甲冑以外の身体に着用する防御具で、おおむね甲冑で防御しきれない部分を防御するもので、籠手《こて》・脛当《すねあて》・面具《めんぐ》・膝鎧《ひざよろい》（佩楯《はいだて》とも）、その他がある。小具足は、前代では、籠手・脛当・面具程度で種類も少なく、総体に重要視されていなかった。ところが、南北朝期以降は、打物でも弓箭でも戦闘が激化する一方で、防御具である甲冑が、大鎧では上記のようなシルエットの変化のために、じつはその防御性が薄れたり、やがて大鎧に比べれば本来から防御性の薄い腹巻《はらまき》が主流になることなどを要因として、重要視されるようになり、それまでの小具足が強化されると同時に、新しい種類も増えて小具足が充実してくる。これが戦国末期に成立したまったく新しい近世様式の甲冑である当世具足《とうせいぐそく》になると、甲冑と小具足が必ずセットのものとして理解されるようにさえなるのである。

こうした小具足のうち引用にみえるのは、鏁（鎖）・大立挙の臑当（脛当）・膝鎧である。鎖とは、鎖帷子《くさりかたびら》の略称で、帷子という肌着（筒袖《つつそで》・布製・一重《ひとえ》を原則）の一面に鎖をつなげて取り付けたものである。軽武装として単独する場合もあるが、大鎧などの下に着籠《きご》めるものでもある。『太平記』では管見で他に四例みえ、南北朝期以降の使用がわかるが、一例が単独使用で（巻二十二・畑六郎左衛門事）、他は本例を含めていずれも大鎧の下に着籠めている（推測を含む）。ただし、着籠めているうちの二例は、敵の一矢で倒されている。つまり射手の弓勢の強さを強調するために着用が記されている節《ふし》があるが、そのうちの一例がじつは本例で、もう一例はあとで引用する。

図19　大立挙脛当(復元)

なお、鎖に関連して、『太平記』には、やはり甲《よろい》の下に着籠める「金《かな》筒《どう》」（鉄製の胴甲《どうよろい》）と、馬の防具としての「鏁の冑《よろい》」もみえている（ともに巻二十二・畑六郎左衛門事）。

次に大立挙脛当と膝鎧。これらも新しい小具足である。脛当は、前代では、筒脛当《つつすねあて》といい、脛の正面と左右を覆うだけであったのが、南北朝期には、膝正面をも覆うようになる。その膝の覆いが立挙《たてあげ》で、この立挙が大型化し、膝の正面だけでなく、外側を覆うようになったのが大立挙脛当である（図19）。『太平記』では管見でほかに二例みえ、一例は打物騎兵（巻二十二・畑六郎左衛門事。上記「金筒」と同一）、一例は打物歩兵（巻十七・山攻事）である。かかる脛当が成立したのも膝を負傷する危険性が高まったからで、同時に前代ではもっぱら騎兵に使用されていた脛当が、南北朝期以降は歩兵・騎兵にかかわらず使用されるようになる。

一方、膝鎧は佩楯《はいだて》ともいい、大腿部を防御する小具足であり、新しいシルエットの大鎧や主流化した腹巻の草摺の防御性の薄さを補うために成立した。これに、小袴《こばかま》の裾《すそ》に草《くさ》摺《ずり》のような三間の札板《さねいた》を取り付けた様式の宝幢《ほうどう》佩楯（次ページ図20）と、二股の前掛け式のもの（次ページ図21）があるが、前者のほうが古様であり、南北朝期は前者がふつうであったと思われる。引用も前者であろう。なお、膝鎧は、『太平記』では管見で他には一例だけである（巻十七・山攻事）。

他に小具足の南北朝期以降の変化としては、前代での籠手は、騎兵は弓手《ゆんで》だけの片籠手《かたごて》をふつうとし、歩兵は、籠手を使用しないか、使用する場合は両手にする諸籠手《もろごて》であった。これが、南北朝期以降は、騎兵・歩兵ともに諸籠手がふつうとなり、また、新しい小具足として、咽頭部を防御する喉輪《のどわ》や、面具では、従来からの額から頬を覆う半首《はつぶり》が使用される一方で、頬から顎を覆う頬当《ほおあて》という新しい面具も成立する。

こうした小具足を含む新様式の行粧で戦う姿は、十四世紀後半というまさに『太平記』と同時代に製作された『秋夜長物語絵巻《あきのよのながものがたりえまき》』や、『十二類合戦絵巻《じゅうにるいかっせんえまき》』に明瞭である（一五二・一五三ページ図22・23）。

図20　宝幢佩楯(紫糸威膝鎧)
総高49.5cm　太山寺蔵

図21　佩楯(紅糸威膝鎧)
総高51.0cm　太山寺蔵

騎射

以上のような打物歩兵である田中が対戦する弓射騎兵が、島津安芸前司《しまづあきぜんじ》である。

②（田中）件の金棒を打振《うちふつ》て、閑《しづか》に歩み近付く、島津も馬を静々と歩ませ寄て、矢比《やごろ》に成《なり》ければ、先安芸前司（島津）、三人張に十二束三伏《そくみつぶせ》、且《しば》し堅《かた》めて丁《ちょう》と放つ、其矢《そのや》あやまたず、田中が右の頬前《ほうさき》を冑ノ菱縫《ひしぬい》の板へ懸て、篦中許《のなかばかり》射通したりける、

田中は、島津の騎射の一矢で内冑《うちかぶと》（冑で防禦しきれない顔面をいう）を射通されてあっさりと討たれてしまった。田中の物々しい行粧が島津の弓勢の強さを強調する役割を果たしていることがわかろう。それはともかく、田中は「閑に歩み近付く」、島津は「馬を静々と歩ませ寄」とあり、人馬ともに駈けるのではなく、歩みながら接近しているのが注目される。島津はかかる状態で矢比になった田中を射ているのであるから、それは前方射であり、しかも「且し堅めて」とあるから馬が静止している可能性があろう。

弓と矢束

ところで、島津の弓と矢は「三人張に十二束三伏」とある。「三人張」は弓の強度を示し、「十二束三伏」は矢の長さ（矢束《やつか》という）を表すが、日本中世の弓と矢の基本事項に関連して、これを解釈しよう。

日本の弓は、原始以来木製弓で、平安末期に、木に竹（苦竹《まだけ》）を伏せた合《あわ》せ弓（伏竹《ふせたけ》

▲図22　中世後期の城郭戦
自然の要害を利用した常設の城郭での戦闘。画面右端，城壁をよじ登ってくる敵に対し，籠城側は歩射で対抗している。城内でも弓射歩兵や打物歩兵が戦っているが，その行粧は中世後期の新しい様式で，大立挙の脛当に，おおむね諸籠手で，中央の長刀を振り下ろす歩兵は，顔面に頬当をし，宝幢佩楯に足袋をはいている。『秋夜長物語絵巻』中巻第7段(出光美術館蔵)より。

◀図23　徒歩の戦闘
打物歩兵主体に一部に弓射歩兵を交えた戦闘。行粧は中世後期の新しい様式で，打物は，太刀·打刀《うちがたな》·鑓《やり》·金撮棒《かなさいぼう》·熊手とさまざまで，弓箭では容器に空穂《うつぼ》が用いられている(画面左端)。甲冑は，大鎧と両袖付きの腹巻で，冑は筋冑でいずれも鍬形や大三日月などの前立を立て，祓立《はらいだて》が日輪の三鍬形もみえる(画面右下)。小具足は、諸籠手に，大立挙の脛当に臆病金をしている。『十二類合戦絵巻』中巻第3段(個人蔵)より。

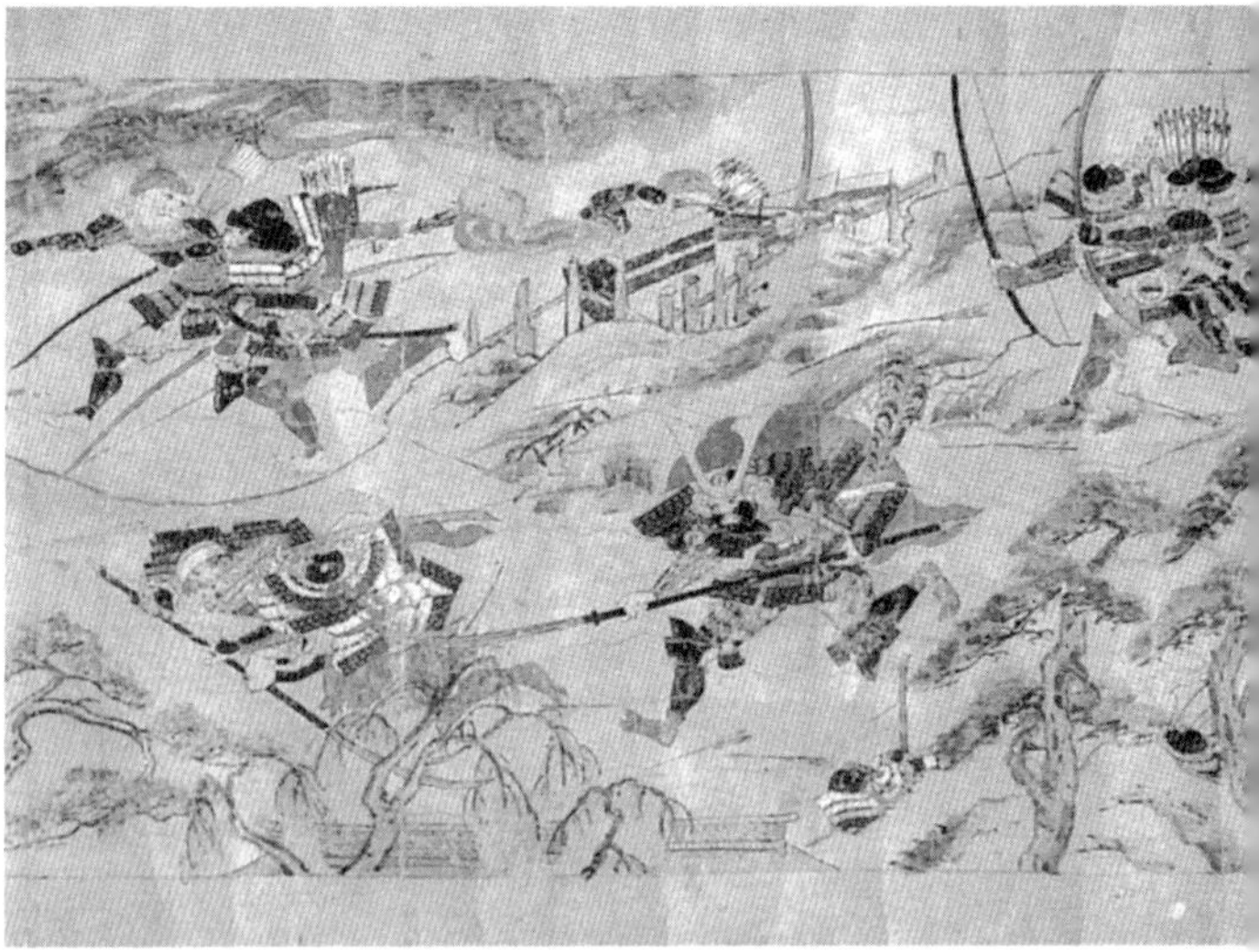

弓《ゆみ》）が成立する。まず弓の背側（弦《つる》と逆側）に苦竹を伏せた外竹弓《とだけゆみ》が成立し（背側の竹を外《と》竹《だけ》という）、やがて弓の腹側（弦側）にも苦竹を伏せ（腹側の竹を内竹《うちだけ》という）、木部を苦竹で挟んだ三枚打《さんまいうち》弓が成立する。室町時代には、三枚打弓の両側面にも苦竹を伏せて木部の四方を苦竹で囲った四方竹《しほうちく》弓なども一部で成立し、近世になると、弓胎《ひご》とよぶ木片や竹片を芯《しん》とし、外竹と内竹を加え、両側面には側木《そばき》を加えた弓胎弓が成立し、現在の弓道まで続く弓となる。

つまり日本の弓の進化は竹部の増加といえようが、木製弓は弓自体が撓《しな》らず、無理に引けば折れてしまうために強く引き絞ることができない。これが竹部の増加により弓が撓り、強く引き絞ることができるようになって、矢の飛距離も伸びていくのである。

このうち外竹弓と三枚打弓の過渡期は不明であるが、三枚打弓は、愛媛・大山祇神社《おおやまつみじんじゃ》に六点（重要文化財）が伝世し、そのうちの二点に正中《しょうちゅう》二年（一三二五）と貞治《じょうじ》二年（一三六三）の年紀銘がある。刀剣（刀身）遺品に比較して弓箭の遺品は極端に少ない。それでも全国の神社などにはそれなりにまとまった遺品が伝世しているものと思われる。しかし、大山祇神社の遺品のような国指定品以外の弓箭の遺品の全容を把握することは困難である。そのなかで著者は、広島・厳島神社の弓と矢のすべてを調査する機会を得た。弓では三枚打弓と弓胎弓が合わせて十三点伝世しているが、三枚打弓九点のうち三点には、永正《えいしょう》二年（一五〇五）・同五年・天正十一年（一五八三）の年紀銘がある。また、鎌倉・二階堂杉ヶ谷の十四世紀の遺構から三枚打弓の下半分が出土している。これらの遺品・遺物による限り、鎌倉末期以降中世を通じて三枚打弓が主流であったことがわかる。ちなみに、厳島の弓胎弓のなかに、慶長《けいちょう》十一年（一六〇六）の年紀銘の遺品がある。弓胎弓としては初期の遺品ではなかろうか。

かかる伏竹弓は、弦を外しても湾曲している。しかし、弓道経験者ならば常識であるが、その湾曲は裏反《うらぞ》りといって、その湾曲のままに弦を掛けるのではなく、弓を押し撓《たわ》めて逆の湾曲を作って弦を掛ける。この作業は一人で行うのが基本で、強弓《ごうきゅう》ではその作業に複数の人が必要になる。そこで、伏竹弓の強度は、島津の弓の「三人張」のように何人張というころで表現され、当然のこととして人数が多いほど強弓ということになるし、逆に何人張という表現があれば、その弓は伏竹弓ということになる。上記の遺品の傾向からすれば、『太平記』で何人張という表現があれば三枚打弓ということになろうか。なお、文献では五人張までがみえるが、現実的には三人張が限度のようである。また、三人張の様子は『男衾三郎《おぶすまさぶろう》絵巻』に描かれている（次ページ図24）。

図24　三人張の様子
二人が弓を押し撓め，一人が本弭に弦輪《つるわ》を掛けている。『男衾三郎絵巻』第２段(東京国立博物館蔵)より。

次に矢束についてだが、矢束は、手量《たばか》りといって、握り拳《にぎこぶし》（指四本）の一握を一束《いっそく》、拳に足らない余りは指一本を一伏《ひとぶせ》として測る。標準は十二束で、それより長い矢が大矢となり、大矢は強弓に対応する矢ということになる。標準が十二束といっても、拳の大きさは人それぞれであるからあくまで目安であるが、弓を引く腕の長さも人それぞれであるから、矢束の測り方は、拳の大きさと腕の長さの相関性から経験的に割り出された数値なのであろう。いずれにしろ、島津の「十二束三伏」は、標準よりもやや長い程度ということになる。しかし、騎射は歩射《ぶしゃ》に比べれば弓を引き絞らないため、この程度で十分なのであろう。

騎射の減退

さて、ついで島津は、討たれた田中の舎弟（田中盛泰）と対戦する。

③（盛泰）兄が金棒を、つ取振て懸れば、（中略）嶋津元より物馴《ものなれ》たる馬上の達者、矢継早《やつぎばや》の手き、なれば、少も不騒《さわがず》、田中進で懸れば、あいの鞭を打て、押もぢりにはたと射、田中妻手へ廻ば、弓手を越て丁と射る、西国名誉の打物の上手と、北国無双の馬上の達者と、追つ返つ懸違へ、人交《ひとまぜ》もせず戦ひける、

島津は、「押もぢり」に射る、「弓手を越て」射る（馬手側に射る）など、さまざまな騎射をみせている。しかし、『太平記』では、弓射騎兵でさえ弓箭を使用せずに馬上打物を行っていたように、引用のような明確な騎射の描写は少ない。

管見では、「(脇屋義助勢) 五百余騎にて中に是を取籠、弓手馬手に相付て、縄手を廻してぞ射たりける」(巻十六・経嶋合戦事)、「(新田義貞) 旗の陰に馬を打すへ城を睨《にら》み、(中略) 二人張に十三束二臥《ふたぶせ》、飽《あく》まで堅《かた》めて引しぼり、弦音高く切て放つ」(巻十七・義貞軍事)、「(新田義興) 火威《ひおどし》の鎧に龍頭の五枚甲の緒を縮《しめ》て、白栗毛なる馬 (中略) に乗、(中略) 江戸 (高重) を弓手の物になし、鐙《あぶみ》の鼻に落さがりて、わたり七寸許なる雁俣《かりまた》を以《もつ》て、かひがねより乳の下へ、かけずふつと射とをさる」(巻三十三・新田左兵衛佐義興自害事) などをはじめ五例程度しか見出せない。ちなみに、引用の二例目は明らかに馬静止射である。

歩射の増加

これに対し、『太平記』で目立って多いのは歩射の描写である。

巻三・笠置軍事

(足助重範《あすけしげのり》) 三人張の弓に十三束三伏篦《の》かづきの上まで引かけ、暫《しばらく》堅めて丁と放つ、其矢遥《はるか》なる谷を阻《へだ》て、二町余が外に扣《ひか》へたる荒尾九郎が鎧の千檀《せんだん》の板を、右の小脇まで篦深《のぶか》にぐさと射込む、一箭《ひとや》なりといへども究竟《くつきよう》の矢坪《やつぼ》なれば、荒尾馬より倒《さかさま》に落て起も直《なお》らで死けり、(中略) 胡籙《えびら》より金磁頭《かなじんどう》を一つ抜出し、(中略) 且《しばら》く鎧の高紐《たかひも》をはづして、十三束三伏、前よりも尚《なお》引しぼりて、手答へ高くはたと射る、思ふ矢坪

図25　自然の要害を利用した中世後期の城郭
『十二類合戦絵巻』下巻第１段（個人蔵）より

を不違《たがへず》、荒尾弥五郎が甲の真向《まつこう》、金物の上二寸計射砕《いくだい》て、眉間《みけん》の真中をくつまき責て、ぐさと射籠、

足助は、二町ほど離れた場所に控えた荒尾兄弟を歩射の遠矢で倒している。ただし、歩射を行っているが、足助が弓射歩兵とは限らない。というのも、足助は笠置山《かさぎやま》（笠置城）に籠城《ろうじょう》し、そこから弓射しているからである。つまり、笠置城は、治承《じしょう》・寿《じゅ》永《えい》期の交通遮断施設による臨時の城郭《じょうかく》とは異なり、自然の要害を利用した常設の城郭である。図22（一五二・一五三ページ）や図25にも描かれているように、中世後期にはかかる常設の城郭が増加するが、常設の城郭と歩射の増加は表裏の関係である。

「中世前期の騎兵と歩兵」の章でみたように、交通遮断施設による臨時の城郭ならば、馬静止射も想定できる。しかし、常設の城郭、特に笠置城のような山上の城郭での攻防では、騎兵も馬に騎乗することはなく、籠城側も攻撃側も歩射の遠矢にならざるを得ないからである。

矢

ところで、「三人張の弓に十三束三伏」という足助の弓・矢が、強弓の大矢であることはもう説明を要しないであろうが、足助の二の矢は「金磁頭」とある。金磁頭（金神頭）とは鏃《やじり》の一種類であるが、その解説に関連して、ここで日本の矢の基礎事項を概観したい。

矢は使用目的によって、軍陣用の征矢《そや》、狩猟用の狩矢《かりや》（野矢《のや》とも）、歩射の競技用の的矢《まとや》に大別され、他に笠懸《かさがけ》や犬追物《いぬおうもの》で用いる引目矢《ひきめや》もあり、それぞれ鏃《やじり》の形状と矢羽《やば》の枚数が異なる。鏃の形状は多彩であるが、征矢には細長い鏃、狩矢には扁平な鏃、的矢には先端が扁平な平題《いたつき》を用いて、それぞれの鏃の機能は「射通す」「射切る」「射当てる」となり、平題の機能を軍陣に応用すれば「射砕く」となる。その「射砕く」ための鏃が、鉄製で先端が扁平になった金神頭なのである。引用では、射砕くのではなく射通しているが、射砕くべき金神頭が射通っているということは、足助の弓勢がそれだけ強いことを強調しているのである。なお、詳しくは後述するが、足助が二の矢を射る際に「鎧の高紐をはづし」たことに注意したい。

さらに歩射をみよう。

さらに歩射

巻十七・山攻事

①（本間資氏）猶《なお》も弓を強引ん為に、著《き》たる鎧を脱置て脇立《わいだて》許に大童《おおわらわ》になり、白木の弓のほこ短には見へけれ共、尋常の弓に立双べたりければ、今二尺余ほこ長にて、曲高なるを大木共に押撓《おしため》、ゆら〳〵と押張、白鳥の羽にてはぎたる矢の、十五束三臥有けるを、百矢の中より只二筋抜て弓に取副《とりそえ》、（中略）（相馬忠実）銀のつく打たる弓の普通の弓四五人張并《あわせ》たる程なるを、左の肩に打かたげて、金磁頭二つ篦撓《のだめ》に取添て、道々撓直《ためなおし》爪よりて一村茂る松陰に、人交もなく只二人、弓杖突てぞ立たりける、

②鏁の上に黒皮の鎧を著、五枚甲の緒を縮、半頬《はんぼう》の面に朱をさして、九尺に見る樫木の棒を左の手に拳《にぎ》り、猪の目透したる鉞《まさかり》の歯の亘《わたり》一尺許あるを、右の肩に振かたげて、

③あはひ二町許近付て、本間（中略）件の弓に十五束三臥、忘るゝ許引しぼり、ひやうと射渡す、志す処の矢坪を些《ちつと》も不違《ちがへず》、鎧の弦走《つるばしり》より総角付《あげまきつけ》の板まで、裡面《うらおもて》五重を懸ず射徹して、矢さき三寸許ちしほに染て出たり、

④火威の鎧に龍頭の甲の緒を縮、六尺三寸の長刀に、四尺余の太刀帯て、射向《いむけ》の袖《そで》をさしかざし、（中略）鎧づきして上ける処を、

⑤（相馬）五人張に十四束三臥の金磁頭、くつ巻を残さず引つめて、弦音高く切て放つ、（中略）甲ノ直向《まっこう》より眉間の脳を砕て、鉢著《はちつけ》の板の横縫《よこぬい》きれて、矢じりの見る許に射籠たり、

ここも本間と相馬のやはり歩射の遠矢での奮戦である。連続している場面だが、便宜的に五つに分けた。①は両人の弓と矢の描写、②は本間が射殺す歩兵の行粧、③は本間の弓射、④は相馬が倒す歩兵の行粧、⑤は相馬の弓射である。なお、両人ともにやはり弓射歩兵とは限らない。なぜならば、本間は別の場面では弓射騎兵だからで（巻十六・本間孫四郎遠矢事。そこでは重氏とあるが、同一人物）、この場合はたまたま歩射なのである。

①からみよう。まず本間の弓は白木であるから木製弓であり、合せ弓の強度を表す何人張という表現がなく。弦は「大木共に押撓」てひとりで張っている。その弓の長さ（弓丈《ゆんだけ》という）は尋常よりも二尺余長いとあり、中世の弓は伏竹弓を含めて七尺五寸が定尺だから、九尺を越える大弓となる。前にふれたように、木製弓は強く引き絞れない。そのため、威力増大のためには弓丈を長くする必要がある。つまり木製弓で弓丈が長いということは、

伏竹弓の複数人張に相当するのである。矢も十五束三臥という相当な大矢であり、大弓に対応している。

次は相馬である。⑤とあわせてその弓と矢をみると、弓は五人張の強弓、矢は十四束三臥の大矢で、鏃はやはり金磁頭で、弓には「銀のつく」が打たれている。「つく（銑）」とは、近世以降の解釈では、弓に番《つが》えた矢を支えるために、弓把《ゆつか》の上部に打った鉤《かぎ》状の金物のことをいうが、正しくは弭《はず》金物のことである。つまり、弭とは弓の両端の弦を掛ける部分のことで、上端を末弭《うらはず》、下端を本弭《もとはず》といい、その弭に被せる金属製のサックが銑なのである。

また、「篦撓」とは篦《の》（簳《やがら》とも。矢本体）の微妙な歪《ゆが》みを調整するための装置である。篦に微妙な歪みがあれば、矢は思う方向に飛ばない。遠矢になればなおさらである。したがって、篦撓とは、遠矢での正確な弓射を期すための道具といえよう。

なお、本間は、強い弓射のために冑を被らず、大鎧さえ脱いだ脇楯《わいだて》だけの小具足姿となっている。このことは、大鎧が矢に対する防御を第一に考え、攻撃の機能性は犠牲にしており、この場合のように攻撃される危険性の少ない場合は、脱いだほうが強い弓射がしやすいことを示唆している。さきに足助が「鎧の高紐をはづし」たのも同様の理由からである。

さて、本間も相馬も、いずれも一矢で、いかにも時代の特徴の出た物々しい行粧の打物歩兵を倒している。前にもふれたが、活躍もせずにあっさりと倒されるだけの相手の行粧を物々しく描写するのは『太平記』の特徴といえ、弓勢をはじめとする攻撃側の凄まじさを強調するための演出ともいえる。

足助を含めた以上の三例に共通する点は、強弓（三人張・通常より二尺長寸の木製弓・五人張）を大矢《おおや》（十三束三臥・十五束三臥・十四束三臥）の矢束《やつか》の限界（箆《の》被《かづき》の上・忘るる計・沓巻《くつまき》残さず）まで引き絞って、遠矢（二町）を射、敵を一矢で倒している点である。そこには誇張もうかがえるが、かかる歩射を誇張しているという点に、それがかえって時代の特徴であることが強調されよう。

また歩射には次のような例もある。

野伏戦

巻九・久《こ》我《が》畷《なわて》合戦事

（佐用範家《さよのりいえ》）態物具《わざとものぐ》を解《ぬい》で、歩立《かちだち》の射手に成《なり》、（中略）とある畔《くろ》の陰にぬはれ臥、大将（名越尾張守）に近付て、一矢ねらはんとぞ待たりける、尾張守は三方の敵を追まくり、鬼丸（太刀の号）に着たる血を笠符《かさじるし》にて推拭《おしのご》ひ、（中略）扣《ひか》へたる処を、範家近々とねらひ寄て引つめて丁《ちょう》と射る、其矢思ふ矢坪を不違《たがへず》、尾張守が冑の真甲のはづれ、眉間の真中に当て、脳を砕《くだき》骨を破《やぶつ》て、頸の骨のはづれへ、矢さき白く射出たりける間、（中略）此矢一隻に弱て、馬より真倒《まつさかさま》にどうど落、

馬上打物で戦っていた名越は、佐用の歩射の一矢で討たれている。佐用は、引用前で「強弓の矢継早《やつぎばや》、野伏戦《のぶしいくさ》に心き」くと評価され、「とある畦の陰にぬはれ臥」とあるように、ゲリラ戦、当時の用語で野伏戦を行っており、野伏戦での歩射の有効性をよく示している。

南北朝期が、ゲリラ戦や奇襲・待伏《まちぶせ》戦法などの野伏戦の時代であることは従来から説かれてきた。そのなかで野伏戦に心効くという佐用のような武士も登場してくるのだが、その際の武具は鑓《やり》を筆頭に打物《うちもの》に注目が集まり、歩射が注目されることは少なかった。新田義貞が「匹夫《ひっぷ》の鏑《やじり》」に射られて自害するのは、『太平記』（巻二十・義貞朝臣自害事）の著名な逸話であるが、義貞が「匹夫」に射られたことは当時の階層問題として注目されても、それが歩射の一矢であることが注目されることは少なかった。しかし、物陰から狙いすまして放たれた矢の効果は絶大であり、ゲリラ戦での歩射の有効性は明らかで、野伏戦と歩射の増加も表裏であったと考えられる。

そして、さらに注目されるのが、「態物具を解で、歩立の射手に成」とあり、佐用は、弓射に際して物具（甲冑）を脱ぎ、歩立の射手になっている点である。弓射の際に甲冑を脱ぐことは前の本間でもみたが、つまり弓射の際に軽武装になることであり、軽武装の射手こそが「足軽《あしがる》の射手」なのである。また、佐用は歩立の射手になったのであり、本来は騎馬、つまりは弓射騎兵であり、弓射の際に下馬したことが想定される。

足軽

まず足軽の射手からみよう。足軽とは、戦国時代になると、最下層の歩兵（下卒）に対する身分階層的な用語となるが、この時代の足軽は、身分階層的な用語でもある一方で、「帽子甲《ぼうしかぶと》に鏁著《くさりき》て、足軽に出立時もあり」（巻二十二・畑六郎左衛門事）という例もあるように、軽武装であることを示す用語でもある。足軽が下卒に対する身分階層用語に限定されるようになるのも、もとをただせばかれらが軽武装だからである。

『太平記』には、この例を含めて管見で十二例の「足軽」がみえ、そのうち四例が「足軽の射手」として歩射を行い（巻八・摩耶合戦事・山崎合戦事、巻二十六・四条縄手合戦事、巻三十二・佐々木秀綱討死事）、二例が「射手」とはないが、やはり歩射を行っている（巻十七・隆資卿自八幡他被寄事、巻三十六・秀詮兄弟討死事〈「足軽の野伏」とある〉）。なお、この歩射の六例以外の足軽は、武具を持って戦っていない。

つまり弓射の際に甲冑を脱ぐことと併せ考えれば、『太平記』の射手は軽武装であることが多い。前代の射手である弓射騎兵が、重厚な大鎧を着用しているのとは対称的である。さきに「中世前期の騎兵と歩兵」の章で楯突戦《たてつくいくさ》と馳組戦《はせくむいくさ》の相違に関するところでのべたように、騎射の防御は甲冑に頼るが、歩射の防御は楯などに頼れる。そのために軽武装でよく、しかも軽武装のほうが弓射しやすいのである。

ところで、歩射を行っている六例の足軽のうち、五例は当初から歩兵（徒歩《かち》）であることが想定され、かれらは弓射歩兵である。当然のこととして、歩射と弓射歩兵は直結しており、歩射の増加は、常設の城郭戦や野伏戦の増加と表裏であると同時に、弓射歩兵の増加をも示唆していよう。そして、何よりも歩射の増加は、三枚打弓《さんまいうちゆみ》の主流化と表裏であり、矢の飛距離の増加により騎射よりも遠距離から歩射するほうが有利になったのである。

なお、三枚打弓の主流化による矢の飛距離の増加に密接に関連し、南北朝期には鏃も総体に小型化つまり軽量化している。

下馬射と弓射騎兵の変質

さて、佐用は弓射騎兵で、弓射の際に下馬したことが想定された。つまり下馬射《げばしゃ》であるが、歩射を行う足軽のうち一例も、「面に畳楯《じょうだて》五百帖突並べ、足軽の射手八百人馬よりをろし」（巻二十六・四条縄手合戦事）とあり、弓射の際に下馬させられており、本来は弓射騎兵であった。また射手ではないが、「物馴《ものなれ》たらんずる足軽の兵を百五十人すぐつて歩立《かちだち》になし」（巻七・吉野城軍事）とあり、この「足軽の兵」も騎兵と考えられる。騎兵のほうが歩兵よりも身分が高いとすれば、ここからも当時の足軽が下卒に限定できないことがわかるが、弓射騎兵の下馬射は『太平記』では他にも次の三例がみえる。

巻八・酒部瀬河合戦事

七騎の人々馬より飛下り、竹の一村滋《しげ》りたるを木楯《こだて》に取て、差攻引攻《さしつめひきつめ》散々にぞ射たりける、

巻十五・建武二年正月十六日合戦事

脇屋（中略）以下二千余騎にて向たりけるが、其《その》中より逸物《いちもつ》の射手六百余人を勝て、馬より下し、小松の陰を木楯に取て、指攻引攻散々にぞ射させたりける、

巻三十二・山名右衛門佐為敵事

射手の兵五百人馬より下し、持楯《もちだて》畳楯突つきしとみ〳〵、閑《しずか》に田の畦を歩せて、次第々々に相近付、

いずれも弓射騎兵が、弓射に際して下馬あるいは下馬させられている。これは弓射騎兵でさえ弓射の際は下馬するほどに、歩射がさかんになったことを示唆していよう。また、これは、『太平記』では騎射の例が少ないことと対の現象で、つまりこの時代、弓射騎兵自身も大きく変質しているのである。軍忠状《ぐんちゅうじょう》などで矢傷がもっとも多いという点も、歩射の増加と弓射騎兵の変質という点を抑えなければ、有効な情報とはならないであろう。

しかもこれらの射手は数百人単位の専門集団として把握されている。『太平記』における、こうした把握は、鑓《やり》・長刀《なぎなた》の使用者の例などでもあった。これに打物騎兵の登場や弓射歩兵の増加を加えると、これはつまり戦闘の集団化と武具使用の専門分化の進行を示すことになろう。戦闘が集団化したために、武具使用の専門分化が進んだともいえる。

手突きの矢

ところで、『太平記』に一例だけみえる特殊な矢の使用法についてもふれたい。それは矢を弓で飛ばすのではなく、「手突にぞ突」くという使用法である（巻十五・正月二十七日合戦事）。近世には好事家《こうずか》によって手突矢《てつきや》という特別な矢が製作される。これに対して引用は、具体的には省略するが、物々しい描写ではあるものの、

「態《わざと》弓をば不持《もたず》、是《これ》は手衝《てつき》にせんが為なりけり」とあるように、通常の矢としても使用できるものである（矢羽の描写がないことが多少気にはかかるが）。諸外国では「ほこ」は投槍にも使用されるが、矢にも、特殊だが手突きという使用法があることがわかる。ちなみに、その使用者（因幡堅者全村《いなばのりつしやぜんそん》）は、この矢を三十六隻《せき》負い、さらに長刀を所持する弓射歩兵である。

武具の下剋上

本書の冒頭でも定義したように、打物騎兵・打物歩兵は、弓箭を佩帯《はいたい》せずに打物だけを所持するのに対し、弓射騎兵・弓射歩兵は、弓箭だけでなく打物（刀剣）も所持するのがふつうである。したがって、弓射騎兵の戦闘描写には、弓箭戦と打物戦の両方がみられる。これまでは、行粧描写に弓箭が記述されている弓射騎兵でありながら、弓箭を使用せずに馬上打物だけを行っている例を指摘したり、また弓射騎兵の弓箭戦だけをみてきたが、『太平記』にも、弓箭戦と打物戦の両方が記述されている弓射騎兵がみられる。

巻八・三月十二日合戦事

（赤松則祐《あかまつそくゆう》）馬を踏放て歩立になり、矢たばね解て押くつろげ、一枚楯の陰より、引攻々々散々に射けるが、矢軍《やいくさ》許にては勝負を決すまじかりと独言して、脱置たる鎧を肩にかけ、冑の緒を縮、馬の腹帯《はるび》を堅めて、只一騎岸より下に打下し、手縄《たづな》かいくり渡さんとす、（中略）則祐馬を立直し、抜たる太刀を収て、

巻十七・隆資卿自八幡被寄事《たかすけきようやわたよりよせらるること》

①（土岐頼直《ときよりなお》）洗皮の鎧に白星の甲の緒を縮て、只今給りたる金作りの太刀の上に、三尺八寸の黒塗の太刀帯副《はきそえ》、三十六差たる山鳥の引尾の征矢、森の如にときみだし、三人張の弓にせき絃《つる》かけて噛しめし、態《わざと》臑当をばせざりけり、時々は馬より飛下りて、深田を歩まんが為也けり、

②馬をば畔の陰に乗放て、三町余が外に村立たる敵を、さしつめ引つめ散々にぞ射たりける、（中略）寄手の兵千余人、一度にはつと引退く、悪源太是に利を得て、かけ足逸物馬に打乗、（中略）敵六騎切て落し、十一騎に手負せて、仰たる太刀を押直し、

後者は行粧と戦闘に分けた。この二例からは、赤松が弓射の後に「矢軍許にては勝負を決すまじかり」と言って、打物に移行したことから、ここでは、弓箭は敵を攪乱《かくらん》するために使用され、打物こそ決戦の武具であるという意識が読みとれるし、また、後者の①からは、脛当（おそらくは大立挙脛当）は歩行の際には不便であることもうかがわれる。

しかし何よりも重要なのは、赤松も土岐も弓箭と太刀を佩帯した弓射騎兵であるが、そ

の戦闘は、まずは下馬しての弓射つまり下馬射を行い、ついで馬に騎乗して太刀つまり馬上打物を行っている点である。しかも赤松は、「脱置たる鎧を肩にかけ、冑の緒を縮」てから馬に騎乗している。逆にいえば弓射の際には甲冑を脱いだ軽武装であった、つまりは足軽の射手となっていたのである。

この二例は、これまで指摘してきた馬上打物・下馬射・足軽の射手という『太平記』の特徴をすべて備えていることになるが、ここからも、馬上打物と歩射が時代の特徴であることがわかるであろう。

これを、『平家』の弓射騎兵による騎射と徒歩打物（落馬打物《らくばうちもの》）に対比すれば、『太平記』の弓射騎兵では弓箭と打物の使用法が明らかに逆転しているし、また、『平家』の弓射騎兵と打物歩兵に対比すれば、『太平記』の打物騎兵の登場と弓射歩兵の増加は、弓箭と打物の使用者の逆転をも示していよう。

従来の研究でも、南北朝期には、騎兵用であった大鎧が歩兵にも着用され、やがて歩兵用であった腹巻が騎兵の主流の甲となっていくことから、甲冑の面から武具の「下剋上《げこくじょう》」ということがいわれてきたが、弓箭と打物の使用法や使用者の逆転という視点はなかった。これはいわば著者の新しい視点だが、甲冑の面だけでなく、この新しい視点も加えて、ここに改めて、南北朝期には武具の下剋上が起こったという事実を指摘しておきたい。

以上の『太平記』の弓箭戦を総括すれば、歩射の増加ということになるが、この歩射の増加こそ打物騎兵登場の要因ではなかろうか。歩射の増加と表裏となる現象として、これまで常設の城郭戦や野伏戦また弓射歩兵の増加、そして三枚打弓の主流化と鏃の小型化による矢の飛距離の増加などをあげたが、歩射の必要性が高まるなかで、騎射の必要性が減少し、それが弓射騎兵の変質や打物騎兵の登場を促したのではなかろうか。つまり打物騎兵の登場は、騎兵側に要因があったのではなく、歩射の増加に連動したものであったと考えることができよう。

歩射という要因

その結果が、武具の下剋上と武具使用の専門分化という現象にもつながっていくが、かかる状況と表裏で、弓箭に限らない武具全体も変化し、南北朝期は武具の様式でも中世最大の変革期となる。これに対し、治承《じしょう》・寿永《じゅえい》期に戦闘法が変化したことが説かれるわりには、鎌倉期は武具の様式という点では、平安末期と比べて特に大きな変化はない。つまり治承・寿永期の戦闘法の変化は、武具の様式を変化させるほどに大きなものではなかったことになる。

同時に、じつは治承・寿永期の戦闘法の変化のひとつとして、歩射の増加も指摘されている。近年の治承・寿永期の戦闘論には、いわば本書でこれまで検討してきたような南北朝期的な要素を、治承・寿永期にみようとする方向性もあるのだが、しかし、治承・寿永期の歩射の増加は、騎兵を変質させるまでには到っておらず、鎌倉武士は実質的にも弓射騎兵であった。

弓箭と打物の使用順

ただし、武具使用の専門分化や武具の下剋上という現象のなかでも、戦闘全体での弓箭と打物の使用順は、時代による変化はなく、やはり弓箭の後に打物に移行している。この点は戦闘法として見逃してはならないであろう。これは前に赤松の戦闘からものべたが、敵に肉薄する打物はやはり決戦の武具なのであり、騎兵の武具として残った要因をこうした面から考えることもできよう。

ところで、弓射騎兵による下馬射と馬上打物という『太平記』の描写をふまえると、見方が変わる絵画資料がある。それは、かつて像主が

伝足利尊氏画像

足利尊氏《あしかがたかうじ》といわれ、近年の議論の末に、「騎馬武者像《きばむしゃぞう》」となってしまった画像である（一二四ページ図12）。尊氏以外の像主の候補としては、高師直《こうのもろなお》説の支持が高く、また異説もあるが、いずれも南北朝期の人物である。

この人物は騎乗して矢を負っている点から弓射騎兵であるが、描写されている行粧の随

所に、南北朝期以降の様式の特徴がみられる。その点については、すでに戦前以来指摘されている。列挙すれば、篠籠手《しのごて》（座盤《ざばん》を細分化した籠手）を諸籠手《もろごて》としている点、立挙脛当・筏金《いかだがね》付の小袴・韋足袋《かわたび》・草鞋《わらじ》、左腰に太刀を佩《は》きながら抜き身の大太刀を右肩に担いでいる点などである。つまり、像主が誰であれ、この図は南北朝期以降の様式で描かれた画像であって、『太平記』の描写と関連づけられる。

とすると、通説的に考えれば、弓箭は馬上で使用し、大太刀は徒歩で（下馬して）使用するということになろう。しかし、『太平記』をふまえると、それは逆であって、大太刀こそ馬上で使用し、弓箭は下馬して使用するということになる。図には矢は六隻しか描かれておらず、しかもそのうちの一隻は折れ、弓もなく（下絵にはあり、製作の段階で消されたらしい）、また、烏帽子《えぼし》も冑も被らず、しかも頭髪は髻《もとどり》を解いた乱髪《らんぱつ》である点などから考えれば、明らかにこれから出陣するという図ではなく、帰陣少なくとも一戦を終えた後の図である。おそらくは、大太刀は従者などに持たせ、下馬射を行った後に、大太刀による馬上打物を行った後の姿なのであろう。そのように解釈したところで、画像自体の解釈が変わるわけではないが、文献と絵画資料の相関性を考えるうえでは重要な点であろう。

小袖鎧

ところで、行粧の面からこの画像の像主の問題についてすこしふれたい。すでに述べたように、この画像の行粧は随所に南北朝期以降の様式がみられるのだが、その一方で、大鎧と左腰に佩帯している太刀は鎌倉前期以前に遡る古様な様式である。この点もすでに戦前から指摘されているが、南北朝期以降の様式のなかに古様な大鎧と太刀が描かれているということは、それらが重代《じゅうだい》（先祖伝来）の品であることを示していよう。

そして、南北朝期以降でもっとも著名な重代の大鎧といえば、足利家重代の小袖鎧《こそでよろい》があり、それはさまざまな文献にみえている。いくつかを示そう。

『太平記』巻二十七・御所囲事

（足利尊氏）御小袖と云鎧取て被召《めされ》ければ、堂上《とうしょう》堂下に集りたる兵、甲の緒をしめ色めき渡て、

『梅松論《ばいしょうろん》』下巻

将軍（足利尊氏）其日は、筑後入道妙恵が頼尚をもて進上申たりし赤地の錦の御直垂《ひたたれ》に、唐綾威《からあやおどし》の御鎧に、御劔《たち》二有《あり》、一は御重代の骨食《をほばみ》なり、重籐《しげどう》の御弓に上矢《うわや》をさゝる、御馬は黒糟毛《くろかすげ》、是《これ》は宗像《むなかた》の大宮司が昨日進上申たりしなり、当日は御重代の御鎧

御小袖と中を勢田の野田の大宮司にきせらる、

『明徳記《めいとくき》』中巻・義満出陣す

御所さま（足利義満《よしみつ》）の其日の御装束はわざと御小袖をばめされず、熏革《ふすべがわ》の腹巻の中《なか》二通《にとおり》黒皮にて緘《おど》したるを召《めさ》れ、同毛の甲の緒をしめ、累代の御重宝ときこえし篠作《しのづくり》と云御はかせに、二銘《ふたつめい》と云御太刀と二振はいて、やげんとをしと云御腰物をぞさゝせ給ひたりける、御秘蔵の大河原毛五尺の馬と聞へしに、黄覆輪《きふくりん》の鞍《くら》置て、厚総《あつぶさ》の鞦《しりがい》かけてぞめされたる、抑《そもそも》今度御小袖をめされず、腹巻をめされける御事は条々子細あり、先《まづ》御小袖は朝敵《ちょうてき》御退治の時めさるゝ当家佳例の御きせながなり、今度は家僕の過分を誡らるゝ御退治なれば如レ此《かくのごとき》の御出立なり、

などとみえる。さらに『山科家礼記《やましなけらいき》』延徳《えんとく》元年（一四八九）三月三十日条・同三年八月二十七日条や、『蔭凉軒日録《いんりょうけんにちろく》』明応二年（一四九三）閏四月二十五日条・五月六日条などにもみえ、室町幕府内には、小袖鎧を安置する御小袖の間があり、そこに詰める小袖番衆《ばんしゅう》さえいたという。

そして、中原高忠の『軍陣聞書《ぐんじんききがき》』によれば、

御きせながと申事、御所様の御具足ならでは申まじき也、公方様の御小袖、これ御き

せながの本也、此御きせなが毛は糸也、此色卯花《うのはな》おどしと申也、卯花おどしはかつ色の事也、かつ色とは白糸のこと也、色糸にていろへたるなり、

とあり、小袖鎧の威毛《おどしげ》のことがわかる点が重要である。

大鎧などの中世の甲冑は、札《さね》とよぶ撓革《いためがわ》製や鍛鉄製の孔の開いた小片を組み合わせて形成されている。札を横に繋げ、それをさらに縦に繋げて形成するのだが、その縦に繋げることを威《おどし》といい、威のための紐を威毛という。

威の手法には二種類あり、また、威毛の材質には、絹の組紐・韋緒《かわお》・布帛《ふはく》を畳んだ緒の三種類があるが、中世で一般的な威の手法である毛引威《けびきおどし》という威の場合、甲冑の表面は威毛で覆われる。そのため、甲冑の名称は、大鎧や腹巻などの様式名称に、威毛の色や材質名（文様があれば文様名）を加えて表現するのが基本である。たとえば赤い組紐で威した大鎧は、赤糸威鎧といった具合である。

小袖鎧の場合、『軍陣聞書』によれば、「毛は糸」とあるから、威毛は組紐で、色は「卯花おどし」で、それは「かつ色」のことで、さらにそれは「白糸のこと」であるという。つまり卯花威《うのはなおどし》とは白糸威《しろいとおどし》のことで、それが小袖鎧の威だというのである。

尊氏説の根拠

ところで、画像の威毛は、図録類やまた博物館等の展示でも、正面からみている限りでは、その色は白にみえる。つまり白威《しろおどし》の表現にみえるのである。じつは、像主を尊氏とする戦前以来の説は、画像の大鎧が白威であることから小袖鎧と判断し、それを根拠とするものであった。画像を尊氏としたのは松平定信《さだのぶ》の『集古十種《しゅうこじっしゅ》』古画肖像之部上・巻二が最初のようであり、定信が尊氏とした根拠は不明だが、おそらくは定信も白威から小袖鎧と判断したものと予想される。

ところが、近年の像主問題を議論した人々の間では、この問題はほとんど無視されていた。確かに画像の大鎧の威毛は、実際には白ではなく、白の上に金泥で模様が描かれている。展示でも詳細にみればそれがわかる。ということは、その威毛は、白地に文様を織り出した綾《あや》（唐綾《からあや》）の生地を畳んで威毛とした白綾威（唐綾威）ということになり、卯花威《うのはなおどし》（白糸威）とする『軍陣聞書』の解釈とは齟齬《そご》を生じてくる。

だとすれば、画像の大鎧は小袖鎧ではないということになり、小袖鎧であることを根拠に、尊氏説を唱えることはできなくなる。しかし、画像の大鎧が小袖鎧とみられ、それを根拠に像主が尊氏とみられていたという事実は、画像の研究史を説くうえでは無視できない事実である。

しかも小袖鎧の威毛にふれた文献は、管見では『軍陣聞書』だけであり、卯花威を白糸威とする説は現在では通説化しているが、肩白《かたじろ》浅葱《あさぎ》糸《いと》威《おどし》とする異論もあり、白綾威が卯花威ではない、と断定はできない。『軍陣聞書』でも最後に「色糸にていろへたる」とある。文脈上でのこの部分の位置づけには難解な面があるが、この部分だけを解釈すれば、色糸で色を変えたという意味となり、小袖鎧も単純な白糸威とはいえなくなってくる。それにしても糸威であって綾威ではない。しかし逆に、画像の白地に金の文様がある威が白綾威なのかという疑問も残る。

いずれにしろ、像主を考えるうえで小袖鎧の問題は重要であり、尊氏説を否定するならば、それを否定するところから議論を始めなければ、地に根の張った議論にはならないであろう。小袖鎧の威毛と画像の大鎧の威毛の関係は、改めて検討する価値は十分あるものと著者は考えている。

『太平記』の組討戦

投討

次に、『太平記』の組討戦《くみうち》をみよう。『太平記』の組討は通常の組討もあるが（巻九・六波羅攻事の設楽資綱《しだらすけつな》と斎藤幻基《げんき》との一騎討など）、それ以外に、馬上から敵を投げ飛ばして殺すいわば「投討《なげうち》」とでもいうべき力技《ちからわざ》が顕著である。また、馬上打物《うちもの》との融合もみられ、『平家』とは異なり、必ずしも頸《くび》を取っていない点なども特徴である。

巻八・妻鹿《めが》孫三郎勇力事

年の程二十許《ばかり》なる若武者、只一騎馳寄せて、引て帰りける妻鹿孫三郎に組んと近付て、鎧の袖に取着ける処を、孫三郎是を物ともせず、長肘《ながきひじ》を指延《さしのべ》て、鎧総角《よろいのあげまき》を摑《つかん》で中に提げ、馬の上三町許ぞ行たりける、（中略）左の手に提げたる鎧武者を、右の手に取渡して、ゑいと抛《なげ》たりければ、跡なる馬武者六騎が上を投越して、深田の泥の中へ見へぬ程こそ打こうだれ、

妻鹿は、組討を挑んできた若武者の大鎧《おおよろい》の総角（大鎧背後の逆板《さかいた》から垂れる太組紐《ふとくみひも》で、左右の袖の緒《お》を取り付けるところ）を左手で摑んでぶら下げて行き、右手に持ち替えてから投げ飛ばしている。これが投討である。馬上での力技であって、一方的な戦闘となっており、武具はまったく使用せず、敵の頸も取っていない。

遺品によれば、大鎧は冑《かぶと》と合わせて三十キロ前後の重量があり、これに着用者の体重と、着用・佩帯《はいたい》している他の武具類を合わせれば、ゆうに百キロを超えるであろう。かかる鎧武者を、片手でぶら下げるだけならばともかく、「馬武者六騎が上を投越」すという行為は、さすがに無理があり、かなりの誇張表現であろう。しかし、長寸な打物使用とあわせて、『太平記』では、力技が特記されていることは注目してよいであろう。

なお、参考までにのべると、『太平記絵巻』巻三にはこの戦闘が描かれている（図26）。妻鹿は大鎧姿に太刀（大太刀）だけの打物騎兵で、疾走する馬上で、同じく大鎧姿で太刀だけの若武者の表帯《うわおび》を右手で摑んで持ち上げている。若武者を右手に持ち替えて投討をし

図26　投討をする妻鹿孫三郎
『太平記絵巻』巻3（ニューヨーク・パブリックライブラリー蔵）より

たという『太平記』の記述に従えば、図は投討の瞬間を描いたことになろう。なお、若武者は、右手に抜き身の短刀を持ち、通常の組討で挑《いど》もうとしたというのが、絵巻の解釈である。

投討は馬上打物とも連続している。

馬上打物と投討

巻十・長崎高重最期合戦事

（横山重真《しげざね》）押隔て是（長崎高重）に組《くま》んと、馬を進めて相近づく、長崎もよき敵ならば、組んと懸合て是を見るに、横山太郎重真也、さてはあはぬ敵ぞと思ければ、重真を弓手《ゆんで》に相受、甲《かぶと》の鉢を菱縫《ひしぬい》の板まで破着《わりつけ》たりければ、重真二つに成て失にけり、（中略）同国の住人庄《しょう》三郎為久是を見て、よき敵也と思ければ、続て是に組んとす、大手をはだけて馳懸る、長崎遙に見て、から〳〵と打笑て、党の者共に可レ組《くむべく》ば、横山をも何かは可レ嫌《きらふべき》、逢ぬ敵を失ふ様、いで〳〵己に知せんとて、為久が鎧の上巻《あげまき》摑で中に提げ、弓杖《ゆんづえ》五杖計安々と投渡す、

長崎は、組討の意志を示して近付いてきた横山を、冑への馬上打物（太刀）の一撃で倒し、ついでやはり組討の意志を示した庄を投討としている。これも馬上での力技による一方的な戦闘で、敵の頸を取っていない。ただし、ここでは、長崎にとって、横山も庄も「あはぬ（逢ぬ）」敵であったから、組討を行わずにかかる行為に出たことが明示されている。

なお、「重真を弓手に相受」とある部分は、長崎が弓手の袖で横山の攻撃を防御したと

いう意味にも取れるが、「重真を」とあることから、長崎が弓手側に横山をみて太刀で攻撃したという意味であろう。

この長崎の行為は、二人の敵を馬上打物と投討で倒したということであるが、ひとりの敵に対して馬上打物と投討の融合もみられる。

巻九・六波羅攻事

（大高重成《だいかうしげなり》）紺の唐綾威《からあやおどし》の鎧に、鍬形《くわがた》打たる甲の緒を縮《し》め、五尺余の太刀を抜て肩に懸、敵の前半町計《ばかり》に馬を駈寄て、（中略）手縄《たづな》かいくり、馬に白沫嚙《しらあわかま》せて引へたり、（中略）（河野通治《みちはる》）大高に組んと相近付く、是を見て（中略）（河野通遠《みちとお》）父を討せじとや思けん、真前に馳塞て、大高に押双てむずと組、大高、河野七郎（通遠）が総角を摑で中に提げ、己れ程の小者と組で勝負はすまじきぞとて、（中略）片手打の下切《さげぎり》に諸膝不ㇾ懸《もろひざかけず》切て落し、弓だけ三杖許投たりける、

大鎧に鍬形打った冑を被り、馬上で五尺の大太刀を肩に担いで控える大高の姿は、いかにも時代を象徴する姿であるが、大高は、組討の意志を示して近付いてきた河野通遠を、馬上打物と投討が融合した馬上での力技で一方的に倒し、やはり頸は取っていない。ただし、大高のかかる行為も、やはり河野が大高にとって不相応な敵だからである。

図27　馬上で河野通遠の諸膝を薙ぐ大高重成
『太平記絵巻』巻3（ニューヨーク・パブリック
ライブラリー蔵）より

再び参考までにふれると、『太平記絵巻』巻三にはこの場面が描かれている（図27）。図によれば、大高は箙《えびら》で矢を負っており、弓射騎兵の行粧《いでたち》である。しかし、鍬形打った冑と大鎧という行粧とともに、河野を五尺の大太刀で「片手打の下切に諸膝不レ懸切て落」したという『太平記』の記述は忠実に描写されている。

なお、大高の馬の足元には、打ち落とされた河野の両下肢とともに、抜き身の太刀が描かれている。この太刀は河野のものと思われ、「押並べてむずと組」とあるが、絵巻では河野も馬上打物で大高に挑んだという解釈である。この絵巻の解釈によれば、この戦闘も馬上打物の一騎討であり、それと投討との融合ということになる。しかも、大高の馬の後方を通り過ぎる馬は河野の馬と思われるが、両馬は弓手側ですれ違った状態に描かれている。馬上打物の一騎討でも両者が弓手側ですれ違ったことの傍証となろう。

巻十四・官軍引退箱根事

（一条次郎）新田左兵衛督を見てよき敵と思ひけるにや、馳双《はせならん》で組んとしけるを、篠塚中に隔て、打ける太刀を弓手の袖に受留《うけとめ》、大の武者をかい𩪿《つかん》で弓杖二丈計ぞ投たりける、一条も大力の早業《はやわざ》成ければ、抛《なげ》られたれ共倒れず、漂ふ足を踏直して、猶義貞に走懸らんとしけるを、篠塚馬より飛でおり、両膝合て倒に蹴倒す、倒るゝと均く、

一条を起しも立ず、推《おさ》へて頸かき切てぞ指揚ける、

一条は「馳双で組んと」とあるが、使用の武具は太刀であって、馬上打物による攻撃である。その攻撃を篠塚は弓手の袖で防御して投討を行い、最後には組討となり、一条の頸を取っている。これも馬上打物から組討に至る融合的な戦闘である。

かかる投討という馬上での力技は、同じく馬上での力技である馬上打物に比較して、リアリティーに欠けた誇張表現の要素を含んでいる。馬上打物や歩射《ぶしゃ》のように、時代相の反映とみることには躊躇も覚えるが、それにしても、『太平記』の戦闘の特徴としては見逃せないであろう。

なお、必ずしも頸を取っていない点に関しては、おおむね投討を行う主体にとって敵が身分的・実力的に不相応であるからである。しかし、その一方で、戦闘の集団化に伴い、高師直《こうのもろなお》が建武《けんむ》五年（一三三八）二月、般若坂で北畠顕家《きたばたけあきいえ》を迎え撃った時に発令したという分捕切棄法《ぶんどりきりすてほう》（建武五年七月日「吉川経久軍忠状《きつかわつねひさぐんちゅうじょう》」）に象徴されるように、また、恩賞認定の手段として軍忠状などがさかんに作成されたように、治承・寿永期とは異なる、敵の頸に対する意識の変化もあったのかも知れない。

室町期以降への見通し

『明徳記』

最後に『太平記』以後の戦闘の見通しを述べたい。史料は、明徳《めいとく》二年（一三九一）十二月、山名氏清が幕府に反乱した明徳の乱を題材にした『明徳《めいとく》記《き》』である。

『明徳記』は、初稿本が乱平定直後の明徳三年（一三九二）夏以降同年（翌年？）冬までの間に成立したといい、それを改訂した改稿本が応永《おうえい》三年（一三九六）夏から秋に成立し、さらにその改稿本を文安《ぶんあん》五年（一四四八）に書写した古写本（京都・陽明文庫蔵）が、現在のところ一般的な底本となっている。本書でもテキストは陽明文庫本（岩波文庫版、一九四一年）を用いるが、南北朝の合一は明徳三年閏《うるう》十月であり、実質的にそこから室町時代が始まるとすると、『明徳記』は室町時代の軍記物語といえるであろう。

『太平記』以後の室町時代の軍記物語（後期軍記という）は、戦闘描写が定型化し、戦闘史料として見るべきものがなくなってくる。しかし、『明徳記』は『平家』や『太平記』に比べればごく短編の軍記物語であるが、その武装や戦闘の内容は、時代の特徴がでたものとなっており、『太平記』的要素の拡大と変質がみられる。そこで、『明徳記』から『太平記』以後の変化を読みとり、簡単に戦国期までを見通してみたい。

将軍の行粧

最初に将軍足利義満《よしみつ》の行粧《いでたち》からみよう。

中巻・義満出陣す

御所さまの其日の御装束はわざと御小袖をばめされず、燻革《ふすべがわ》の腹巻の中二《なかに》通《とおり》黒皮にて縅《おど》したるを召れ、同毛の甲《かぶと》の緒をしめ、累代の御重宝ときこえし篠作《しのづくり》と云御はかせに、二銘《ふたつめい》と云御太刀と二振はいて、やげんとをしと云御腰物をぞさゝせ給ひたりける、御秘蔵の大河原毛五尺の馬と聞へしに、黄覆輪《きふくりん》の鞍置て、厚総《あつぶさ》の鞦《しりがい》かけてぞめされたる、抑《そもそも》今度御小袖をめされず、腹巻をめされける御事は条々子細あり、先《まづ》御小袖は朝敵《ちょうてき》御退治の時めさるゝ、当家佳例の御きせながなり、今度は家僕の過分を誡らるゝ、御退治なれば如レ此《かくのごとき》の御出立なり、これは小袖鎧の考察でも引用したものだが、ここで注目したいのは、当時の大鎧《おおよろい》と腹《はら》巻《まき》の位置関係である。つまり本来は歩兵用であった腹巻が、将軍でさえ冑（おそらくは筋《すじ》冑《かぶと》）とともに着用するほどに普及し、その位置が上昇しているのに対し、小袖という特殊性を持った例ではあるが、大鎧は、朝敵退治の際に着用するというように、式正化《しきしようか》・儀《ぎ》仗化《じようか》している点である。そして、佩帯《はいたい》する武具も、弓箭《ゆみや》はなく、太刀を二振《ふりは》佩いているように、将軍でさえ打物騎兵《うちものきへい》に変質している点である。このように、時代の特徴が将軍の行粧にまで及んでいる点に、時代の変質、伝統の崩壊は明確になろう。

腹巻の変化

なお、これまでふれなかったが、南北朝期以降は、腹巻そのものも変化する。右引合《ひきあわせ》の衡胴《かぶきどう》（甲の胴の総称）に草摺《くさずり》が八間という基本構造は変わらないものの、本来、腹巻には、両肩に杏葉《ぎようよう》とよぶ金具廻《かなぐまわり》（甲冑の鉄板製の部分をいう）が付属する以外、原則として冑も袖も付属しなかった。ところが、南北朝期以降は、図28（次ページ）のように、筋冑（鍬形《くわがた》が付属）と両袖が必ず付属するようになり、両肩の杏葉は両胸に垂れるようになる。これを三物完備《みつものかんび》の腹巻（冑・胴・袖で三物）という。ここで、義満が着用した腹巻も冑の記載があり、三物完備に相違ない。

図29（一九三ページ）は、三物完備の腹巻に大立挙《おおたちあげ》の脛当《すねあて》を着用し、太刀を佩き、右手

図28　黒韋威腹巻
胴総高64.2cm　冑鉢高12.1cm　春日大社蔵

図29　細川澄元画像　永青文庫蔵

に長巻《ながまき》を抱えた室町時代の典型的な打物騎兵像である。なお、長巻はよく長刀《なぎなた》と誤解されるが、長刀とは異なる。長巻とは「長巻の太刀」の略称で、刀身よりも長い柄《つか》の太刀のことであり、柄が長いために柄巻《つかまき》を長く施す故《ゆえ》の名称である。太刀であるから、鐔《つば》が入り、刀身は鎬造《しのぎづくり》となる。この長巻も、中世後期に成立した新しい打物である。

下馬打物

次は戦闘である。『明徳記』の最初の戦闘である大内義弘《おおうちよしひろ》軍と山名《やまな》高義《たかよし》・小林義繁《よししげ》軍の戦闘を見てみよう。

上巻・大内義弘の奮戦

五百余騎の兵《つはもの》共、一度にはらりとおり立て、楯を一面につきならべ、射手《いて》の兵二百余人左右の手崎《てさき》にすゝませて、中を破らるな、敵若《もし》馬にて破てとをらんとせば、馬を切てはねさせよ、落ば押へて差しころせ、若又敵もおり立て、切てかゝらば閑まりて、手もとへちかづけ、組討にせよ（中略）と大音を揚て下知《げち》しつゝ、わが身も真前におり立たり、

これは大内軍の描写であり、軍勢に下知《げち》をしているのは大内であるが、「五百余騎の兵共、一度にはらりとおり立て」とあり、五百騎の騎兵が下馬しており、同時に大内自身も下馬している。大内の下知内容は、組討とともに「切」「差しころせ」などと打物（刀

剣）の使用を指示し、また、「敵もおり立て、切てかゝらば」と、敵である山名側の下馬での打物使用をも想定している。

事実、戦闘開始の後、小林側の騎兵も、

小林が兵射立られ、馬の足を立かねて、是もはらりとおり立て、大内勢の真中へ鋒《きつさき》をそろえてきて入、

とあり、大内軍に「射立られ」、「馬の足を立かね」たためでもあるが、「はらりとおり立て」とあるように下馬し、「鋒をそろえてきて入」とあるように打物を使用している。つまり両軍ともに下馬《げば》打物《うちもの》であるが、これこそ『明徳記』にみえる時代の特徴であると著者は考える。

しかも、大内の下知は戦闘前のものであり、戦闘前から下馬打物が下知されているということは、かれらは打物騎兵であることが予想されるが、その点は引用に続く大内の行粧から明確になる。

其日の装束には、練貫《ねりぬき》を紺地《こんじ》に染て縅《おどし》たる鎧に、同毛の五枚甲の緒をしめて、二尺八寸の太刀をはき、三尺あまりなりける荒みの長刀を引そばめ、

とあり、大内は太刀と長刀を佩帯した打物騎兵で、他の下馬打物の兵も同様であろう。

射手の兵

一方、大内軍は「射手の兵二百余人」とあって、これは歩射《ぶしゃ》である。ただし、この二百余人が下馬した五百余騎に含まれるのか否かは、これだけの記述では微妙な面があり、どちらかによって、その兵の性格が変わってくる。つまり、含まれるのならば、この射手の兵は弓射《きゅうしゃ》騎兵で、下馬射《げばしゃ》を行っていることになるが、含まれないのならば、弓射歩兵ということになる。

もっともこの射手の兵は、

射手の兵物《つはもの》は、皆同丸《どうまる》・腹当《はらあて》・帽子《ぼうし》甲《かぶと》にて、楯より左右へながれいでて、矢さきをそろゑてさしつめ引つめ雨のふるごとくにぞ射たりける、

とみえ、その行粧は、帽子冑に同丸（胴丸）や腹当である。帽子冑とは、鉢《はち》だけで錣《しころ》のない簡易な冑であり、胴丸と腹当は、鎌倉後期以降に成立した、腹巻よりも軽快な甲である。つまり射手は軽武装であり、足軽《あしがる》の射手なのであるが、その行粧を考えると、弓射歩兵の可能性が高くなろう。つまり本来は歩兵用であった腹巻が主流化して、騎兵も使用するようになるのに対し、胴丸や腹当はもっぱら歩兵に使用されたからである。

いずれにしろ、この戦闘は打物・弓箭ともに徒歩の戦闘であり、同時に使用武具の専門分化とその連携がうかがえる。

なお、『盛衰記』巻二十二・衣笠《きぬがさ》合戦にも「弓よく射者共は、甲を著ざれ、腹巻・腹当・筒丸《どうまる》などを著《き》て」とあり、衣笠城に籠城する三浦側の射手に対して軽武装であることが指示されているが、『盛衰記』では軽武装のなかに腹巻がみえる。これを将軍でさえ腹巻を着用する『明徳記』の状況に比較すれば、ここからも腹巻の位置の時代差がわかろう。

下馬打物の一騎討

やがて大内は小林義繁と一騎討となる。

上巻・小林義繁討死

小林上野守は未《いまだ》馬にて磐《ひかへ》たりけるが、切て落されては犬死しぬとおもひければ、権大夫（大内義弘）を弓手《ゆんで》に相付、馳寄て鐙《あぶみ》をこえており立たり、鍔本《つばもと》まで血に染《そみ》たる太刀をめ手の方に引そばめて、義弘に打てぞかゝりける、権大夫は敵を小太刀と見たりければ、手もとへ近付て勝負をせんとやおもひけん、長刀を茎《くき》みじかに取なをして、弓手の袖をゆりかけてこそ待たりけれ、義繁走かゝてきらんとするに、更にすきまなかりければ、元来小林手きゝなれば、小膝を折て袖の下へあげ切に、すきまもなく二太刀つゞけて切たりけり、其太刀に権大夫弓手のかひなを二ヶ所きられて、今は物あひよしと見てんげれば、長刀を取なをして膈当《ほうあて》のはづれ、内甲《うちかぶと》へすきまにあたれとこうだりけり、小林運命やつきたりけん、ほうあてのさげを、甲のしころへすぢかひさまに、こみ立られて、更にはたらきえざりければ、其長刀を切はづさんとふりあをのひで、払切《はらいぎり》に二太刀・三太刀うつ処を、長刀を取なおして髄当《すねあて》のはづれをよこさまにした、かにこそ切たりけれ、因幡はいだてのさねともに、片股《かたもも》をかけず切て落す、小林心はやたけにおもへども、片股なければ北枕に倒臥す、弓手の手をおさへて暫《しばらく》は太刀にて合《あはせ》けるが、次第によはりてみえければ、権大夫の兵落合て、頸をとらんとしける処を、草摺を取て引よせて、さしちがへて二人ながら同枕に死にけり、

長い引用となったが、太刀の小林義繁と長刀の大内義弘との打物による一騎討である。大内は打物騎兵ですでに下馬打物となり、その延長線上での戦闘である。小林はこの一騎討のために下馬打物となっているが、小林も打物騎兵であったと思われる。一騎討の内容が時代の特徴を示すという主張をくりかえせば、打物騎兵の下馬打物は、まさに時代の特徴ということになろう。もっとも、小林は「鍔本まで血に染たる太刀」とあって、下馬する以前は馬上打物で戦っていたことがわかる。馬上打物から下馬打物への移行である。

なお、小林は大内を「弓手に相付」て下馬し、大内は「弓手の袖をゆりかけ」て、小林を迎え撃っている。徒歩打物戦でも弓手側に敵を見て、弓手の袖が防御に利用されていることがわかろう。また、小林はまず内冑を攻撃され、ついで下肢を攻撃されているが、垂《たれ》

付《つ》きの頬当《ほうあて》をし、因幡佩楯《いなばはいだて》をしていることがわかる。因幡佩楯とは具体的には不明だが、宝幢《ほうどう》佩楯ではなく、図21（一五〇ページ）のような佩楯と考えられ、こうしたところにも中世後期の時代の特徴が示されている。

長柄と太刀の役割分担

もう一例、下馬打物をみよう。

中巻・垣屋・滑良討死す

垣屋は五尺三寸の太刀、滑良は五尺二寸の長刀にて、敵の兵手の下に六騎切てぞ落しける、（中略）究竟《くっきょう》の兵十四・五騎一度にはらりとおり立て、鑓《やり》・長刀を差合て、透《すきま》もなくこそうたりけれ、（中略）二人ながらおり立て、垣屋は大太刀なりければ、馬も人もたてわりにせんと、小脇をすかひて打けるが、敵の甲《かぶと》・鎧《よろい》の袖切あましける切前《きっさき》を土へふかく打こみて、ぬかん〳〵とする所を、合引のあまり、内甲へ鑓・長刀をこみければ、（中略）垣屋はそのまゝ討れにけり、（中略）（滑良）敵あまたに交合て死狂ひといふものに命をかぎりに戦けり、奥州是を見給て、筑紫九国に名を得たる滑良兵庫と覚ゆるぞ、打あますな兵共、長具足《ながぐそく》にてさしあわせ、太刀持《たちもち》うしろへ立廻て、腒《すそ》をきれと宣ければ、五人前よりすきもなく、鑓・長刀にて支つゝ、太刀持うしろへ走寄て、臆病金《おくびょうがね》のはづれを諸足かけてぞ切たりける、難儀の手なれば手をおして、犬居にどうどぞ伏たりける、（敵が）草摺のはづれ・内甲を起しもたてずこみければ、滑良は長刀をなげすて、、三尺あまりなるきりはの太刀をぬき、近付敵を打払ひ、（中略）居死にこそはしたりけれ、

山名《やまな》氏清《うじきよ》に反した山名時熙《ときひろ》側の垣屋弾正《だんじょう》と滑良兵庫の奮戦であり、両者は大太刀・大長刀で馬上打物を行い、奥州（氏清）側の下馬打物での鑓・長刀の攻撃に対し、両者も下馬打物で対戦している。垣屋・滑良・氏清側の鑓・長刀の衆ともに打物騎兵と思われるが、ここで注目されるのは、「長具足」と一括されている鑓・長刀を扱う衆と「太刀持」が別であり、両者の連携による戦闘が下知されている点である。打物と弓箭だけでなく、打物のなかにも、長柄《ながえ》と太刀という役割分担が生じているのである。

なお、「臆病金」とは、膕金《よほろがね》ともいい、室町期以降に現れる脛当《すねあて》の付属品で、通常の脛当では無防備な脹脛《ふくらはぎ》を覆うものである。図22・23（一五二・一五三ページ）にもみえる。

戦闘の徒歩化

以上、例は多くないが、『明徳記』の戦闘をみた。その戦闘は打物騎兵の戦闘が主体で、特徴は下馬打物にあると著者は考える。下馬打物は『太平記』にも数例みられたが、『太平記』で顕著であったのは馬上打物であった。馬上打物は『平家』で増加しているが、顕著になるのは『太平記』であり、下馬打物は『太平

記』にもみえるが、顕著なのは『明徳記』といえようか。

一方、弓箭は歩射であり、弓射騎兵の下馬射か、弓射歩兵の歩射かは微妙な面があったが、可能性としては後者の方が高かった。これまでの流れから考えても、弓射騎兵はますます減退し、かわって弓射歩兵が増加していたことであろう。

これに『明徳記』での引用例はないが、当然存在したであろう打物歩兵を加えると、中世後期の戦闘は、打物騎兵・弓射歩兵・打物歩兵による、総体に徒歩化した戦闘であることがわかるであろう。中世後期の絵巻をみても、たとえば『結城合戦絵巻』に描かれているのは、打物騎兵・弓射歩兵・打物歩兵であり（一三八ページ図16）、『十二類合戦絵巻』は、馬も擬人化されて戦闘に参加しているという点に考慮が必要なものの、その描かれている戦闘はすべて徒歩戦である。その一端は、図23（一五三ページ）にも表われている。

そして、かかる徒歩戦のなかに、弓箭と打物の役割分担だけでなく、鑓・長刀などの長柄と太刀という打物のなかでの役割分担も生じているのである。

なお、戦闘の徒歩化と刀剣の短寸化の関係はすでに述べている。また、室町時代以降、軍陣使用の馬具が、それまでの重厚な軍陣の鞍《くら》から、軽快な水干鞍《すいかんぐら》に移行していくが、これも戦闘の徒歩化が関係しているからであろう。

戦国期への見通し

かかる流れのなかから、たとえば永禄《えいろく》十年（一五六七）の武田信玄軍法（『参州岡崎領文書』）に、「武具の内、別して弓・鑓・鉄炮等の用意肝要の事」とあるように、戦国期後半以降、弓箭・鑓・鉄炮が重視され、弓隊・鉄炮隊・鑓隊という明確な役割分担を持つ足軽（歩兵）部隊と、打物騎兵である武将クラスとの連携による組織戦の時代へとなっていく。

そして、豊臣秀吉の刀狩り令などを経て、武士を象徴する武具が、弓箭から打刀《うちがたな》大小二本差や鑓などの刀剣に移行していく。その弓箭から刀剣（打物）への転換の分岐点となったのが、南北朝期の打物騎兵の登場なのである。

おわりに

変化の要因

以上みてきたように、中世後期の戦闘は中世前期の戦闘とは大きく変質しており、打物騎兵《うちものきへい》の登場や歩射《ぶしゃ》の増加、それに伴う武具の下剋上《げこくじょう》などの現象がみられた。特に、新たに打物騎兵が登場したことは、日本の騎兵史上画期的な出来事で、戦士としての武士の大転換をもたらすものであった。

では、かかる変化の要因は何なのであろうか。しかし、それについては著者はいまだ明確な答えをつかみ切れていない。ただし、今後検討すべき課題として次の二点を示しておきたい。戦闘目的と社会の変動である。

戦闘目的

戦闘目的は戦闘法と連動する。この考え方は、戦士の四形態とともにやはり欧米の軍事史から学んだ。ただし、戦闘法といっても、特に考えるべきは弓箭《ゆみや》の使用法であり、またそれは城郭《じょうかく》などの防衛施設のあり方とも関連する。

つまり戦闘目的といっても、日本の戦闘の性格には、朝廷や幕府といった公権力の大儀によって行う公合戦と、十世紀以降の武士の成立と自力救済《じりききゅうざい》（公権力に頼らずに私的に紛争を解決すること）の横行のなかで発達した私合戦があることが指摘されている。この合戦の公私の別やさまざまな状況によって一概にはいえない面があるが、そこをあえて戦闘の最終的な目的を大別すれば、①敵の掃討《そうとう》や殲滅《せんめつ》か、②領地の争奪ということになろう。

そして、これも一概にはいえないかもしれないが、戦闘目的が①ならば、弓射《きゅうしゃ》騎兵による騎射《きしゃ》攻撃が有効であろう。なぜならば、敵の掃討や殲滅には弓射騎兵の機動力が必要だからである。一方、戦闘目的が②ならば、騎射よりも歩射が有効になる。なぜならば、領地の争奪戦とは、拠点を争う戦闘だからであり、拠点の支配や防衛には常設の城郭が必要で、常設の城郭での攻防は歩射主体にならざるを得ないからである。逆に弓射騎兵主体の戦闘では、防衛施設も恒常的な城郭ではなく、臨時の交通遮断施設的なもので事足りるのである。

これをふまえて中世を見通すと、戦闘目的は、治承《じしょう》・寿永《じゅえい》の内乱をはじめ中世前期では①が中心であるのに対し、中世後期には戦国期の戦闘で明確なように②が中心となる。つまり戦闘目的も中世前期と後期では①から②へと変化しており、戦闘法の変化もそれに連動するものと考えられる。その意味で、南北朝期の戦闘は、戦闘目的という面からも過渡期であったと考えられるが、今後は戦闘目的と戦闘法の関係を考える必要があろう。

社会の変動

さらに、大きくみれば、南北朝期というのは、戦闘や武具といった問題に限らず、社会全体が大転換した時期である。特に鎌倉後期以降、元寇《げんこう》などの影響もあって、在地社会が動揺・変動し、荘園などの土地の支配形態が、ひとつの土地に複数の権利者がいる職《しき》による分散的な支配から一円支配（土地の一括支配）に移行し、また、悪党《あくとう》とよばれる反体制的な新しい階層の成立などをみる。

悪党といえば、楠木正成《くすのきまさしげ》がその代表格であるが、戦闘法の変化にしても、すでに徒歩打物戦の増加という通説があり、通説にもとづき悪党・あぶれ者といった当時のいわばアウトロー的存在の戦闘（内乱）への参加が、変化の要因と考えられてきた。

野伏戦《のぶしいくさ》などはまさに悪党的戦闘といえようし、また、本書でも新しい打物として棒に注目したが、この棒（撮棒《さいぼう》）も悪党の武具だったようである。というのも、播磨国峰相《ぶしょう》山鶏足寺《ざんけいそくじ》の寺僧とそこを訪れた僧侶との問答形式で記された『峰相記《みねあいき》』という文献がある。この文献には、播磨国を中心とした畿内近国の鎌倉末期の社会情勢も記され、特に悪党に関する記述があって、悪党研究の象徴的な史料として注目されている。そこには「サイハウ枝」(撮棒)が、「竹ナガエ」(竹鑓《たけやり》の類か)などとともに悪党の武具としてみえているからである。

かかる悪党のような新しい階層の戦闘への参加が、戦闘法などの変化をもたらしたという考え方はわかりやすい。しかし、近年は悪党に関する研究が進んでおり、悪党を新しい階層とみることには、問題もありそうである。今後は、そうした成果に学びつつ、これまでの説の可非を含めて、戦闘法の変化の要因を探っていく必要があろう。

あとがき

七百年にわたって日本の中心的存在であった武士は、その時々でさまざまな側面をみせており、その性格を一概に定義することは難しい。しかし、全時代を通じて、武士が戦士であったことは間違いない。江戸時代の武士も、その時代にたまたま戦闘がなかっただけで、武具（攻撃具）を佩帯《はいたい》している戦士である。ところで、江戸時代の武士は、時代劇でもお馴染《なじ》みの打刀《うちがたな》大小二本差しや鑓《やり》などの刀剣類を身分標識としている。これに対して、十世紀に成立して以来、中世武士を象徴する武具は弓箭《ゆみや》であった。では、その転換点はいつなのか、という疑問に対する著者なりの答えが本書である。

確かに、従来からも主に甲冑史《かっちゅうし》の面から、南北朝期は徒歩打物戦《とほうちものせん》が激化する時代といわれてきた。しかし、徒歩打物戦よりも、六世紀の成立以来、弓箭を佩帯《はいたい》していた日本の騎兵が、弓箭ではなく打物だけを佩帯する、つまりそれまでの日本には存在しなかった打物騎兵の登場こそ注目すべきではないか、というのが本書の主張であり、新しい面といえよう。もっともそのことは、山上八郎『日本甲冑の新研究』（私家版、一九二八年）ですでに一部ふれられてはいる。ただし、本書は、中世後期の絵巻も利用しているとはいえ、『太平記』の分析だけで南北朝期の戦闘を語っており、その点については著者自身にも多少の不安はある。また、現象面だけを述べて、変化の要因は追求できなかった。この点については、今後の課題とするしかない。

なお、本書の「中世後期の騎兵と歩兵」の章は、前著『中世的武具の成立と武士』（吉川弘文館、二〇〇〇年）の第八章「南北朝期の戦闘」の内容をもとに、それを平易に、かつ最新の研究成果により大幅に加筆をほどこしたものである。前著での誤りについては、本書で訂正したので、前著と異なる部分があれば、本書を参考願いたい。

ところで、本書を校正中にアテネオリンピックが開催された。日本選手は、メダル獲得数史上最多の三十七個、金メダルも史上タイの十六個と、大活躍であった。著者は、有職《ゆうしょく》故実《こじつ》の研究の一方で、パワーリフティングという競技（バーベルを挙げて重量を競う競技だが、オリンピック種目にあるウェイトリフティングとは異なる）の現役の選手である。競技歴二十一年、もう四十七歳だが、二〇〇一年にはオープンの全日本チャンピオンにもなり、自己ベスト記録は二〇〇二年に出した。まだまだ記録が伸びる確信もある。また、小学校時代の夢は、オリンピックの陸上短距離で日の丸を挙げることであったし、実際に、中学・高校では陸上競技の選手であった。

このような著者なので、オリンピックには思い入れがあるし、選手の競技フォームなどにも興味がある。陸上競技で走るフォームも我々が現役の頃に理想といわれてきたものとは随分と変わっているし、また、パワーリフティングでも、長い選手生活のなかで、理想とするフォームが大きく変化している。そのようななかで、最近は日本のスポーツ界で古武術的身体運用法というのが注目されてきているし、「常歩《なみあし》理論」という名称で、理論化されつつある。これは私にとっては、パワーリフティングの選手としても、また武具実用論や戦闘論の研究者としても、追求したい課題である。たとえば本書でもふれた、騎射《きしゃ》における追物射《おいものい》や前方射《ぜんぽうしゃ》の弓射姿勢《きゅうしゃ》は、常歩理論を当てはめることによって、より説得力を持つものと考える。

本書では、そこまで突っ込んだことは書かなかったし、歴史学としてどこまでいえるのか分からないが、広い意味での文化史として、古代・中世まで遡った身体運用法の変遷史という課題は、今後、是非取り組んでみたい課題である。

本書の執筆は、当初、吉川弘文館編集部の永滝稔氏より依頼された。その後、永滝氏は同社を退職され、担当は一寸木紀夫氏と伊藤俊之氏に代わった。一寸木・伊藤の両氏には、謝意を表すとともに、永滝氏には、在職中に上梓できなかったことをお詫びしたい。また、今回も多くの図版を使用したが、貴重な写真の掲載を許可して下さった関係諸機関・個人に対して謝意を表する次第である。

二〇〇四年九月

近藤好和

主要史料・参考文献

テキスト類

山田孝雄・山田忠雄・山田英雄・山田俊雄校注『今昔物語集』一～五（『日本古典文学大系』二二～二六）、岩波書店、一九五九～六三年
北原保雄・小川栄一編『延慶本平家物語』上・下、勉誠社、一九九〇年
古谷知新校訂『源平盛衰記』、国民文庫刊行会、一九一〇年
坂本太郎・家永三郎・井上光貞・大野晋校注『日本書紀』上・下（『日本古典文学大系』六七・六八）、岩波書店、一九六五・六七年
井上光貞・関晃・土田直鎮・青木和夫校注『律令』（『日本思想大系』三）、岩波書店、一九六七年
黒板勝美編輯『令義解』（新装版『新訂増補国史大系』二二）、吉川弘文館、二〇〇〇年
黒板勝美編輯『続日本紀』（新装版『新訂増補国史大系』二）、吉川弘文館、二〇〇〇年
青木和夫・稲岡耕二・笹山晴生・白藤禮幸校注『続日本紀』一～五（『新日本古典文学大系』一二～一六）、岩波書店、一九八九～九八年
黒板勝美編輯『延喜式』（新装版『新訂増補国史大系』二六）、吉川弘文館、二〇〇〇年
後藤丹治・釜田喜三郎・岡見正雄校注『太平記』一～三（『日本古典文学大系』三四～三六）、岩波書店、一九六〇～六二年

鷲尾順敬校訂『西源院本太平記』刀江書院、一九三六年
富倉徳次郎校訂『明徳記』(『岩波文庫』)、岩波書店、一九四一年
参考文献(著者五十音順、副題省略)

悪党研究会編『悪党の中世』岩田書院、一九九八年
網野善彦『悪党と海賊』法政大学出版局、一九九五年
新井孝重『中世悪党の研究』吉川弘文館、一九九〇年
石井進『鎌倉幕府』(『日本の歴史』七)、中央公論社、一九六五年
漆原徹『中世軍忠状とその世界』吉川弘文館、一九九八年
梶原正昭・栃木孝惟・山下宏明・長谷川端編『太平記の成立』(『軍記文学研究叢書』八)、汲古書院、一九九八年
川合康『源平合戦の虚像を剝ぐ』(『講談社選書メチエ』七二)、講談社、一九九六年
川又正智『ウマ駆ける古代アジア』(『講談社選書メチエ』一一)、講談社、一九九四年
クリストファー・グラヴェット(須田武郎訳)『馬上槍試合の騎士』(『オスプレイ戦史シリーズ』三)、新紀元社、二〇〇三年
黒田日出男編『肖像画を読む』角川書店、一九九八年
近藤好和『弓矢と刀剣』(『歴史文化ライブラリー』二〇)、吉川弘文館、一九九七年
近藤好和『中世的武具の成立と武士』吉川弘文館、二〇〇〇年

埼玉県立博物館編『図録太平記絵巻』埼玉新聞社、一九九七年
佐藤進一『南北朝の動乱』(『日本の歴史』九)、中央公論社、一九六五年
篠田耕一『武器と防具』中国編、新紀元社、一九九二年
ジュリエット・クラットン・ブロック(桜井清彦監訳・清水雄次郎訳)『馬と人の文化史』東洋書林、一九九七年
鈴木眞哉『刀と首取り』(『平凡社新書』三六)、平凡社、二〇〇〇年
高橋昌明『武士の成立　武士像の創出』東京大学出版会、一九九九年
高橋昌明・山本幸司編『武士とは何だろうか』(『週刊朝日百科日本の歴史別冊　歴史を読みなおす』八)、朝日新聞社、一九九四年
戸田芳実『初期中世社会史の研究』東京大学出版会、一九九一年
野口実『武家の棟梁の条件』(『中公新書』)、中央公論社、一九九四年
福田豊彦『平将門の乱』(『岩波新書』)、岩波書店、一九八一年
藤川繁彦編『中央ユーラシアの考古学』(『世界の考古学』六)、同成社、一九九九年
藤本正行『鎧をまとう人びと』吉川弘文館、二〇〇〇年
松木武彦『人はなぜ戦うのか』(『講談社選書メチエ』二一三)、講談社、二〇〇一年
松木武彦・宇田川武久編『戦いのシステムと対外戦略』(『人類にとって戦いとは』二)、東洋書林、一九九九年
松本政春『律令兵制史の研究』清文堂、二〇〇二年

松本政春『奈良時代軍事制度の研究』塙書房、二〇〇三年
宮次男・佐藤和彦編『太平記絵巻』河出書房新社、一九九二年
元木泰雄『武士の成立』（『日本歴史叢書』四九）、吉川弘文館、一九九四年
和田英道『明徳記校本と基礎的研究』笠間書院、一九九〇年

今井正之助「合戦の機構」山下宏明編『軍記物語の生成と表現』和泉書院、一九九五年
岡安光彦「馬具副葬古墳と東国舎人騎兵」『考古学雑誌』七一―四、一九八六年
カール・フライデー「騎射の歩みの一考察」『東京大学史料編纂所研究紀要』一一、二〇〇一年
川合康「治承・寿永の『戦争』と鎌倉幕府」『日本史研究』三四四、一九九一年
近藤好和「武器からみた内乱期の戦闘」『日本史研究』三七三、一九九三年
近藤好和「絵巻にみえる戦場場面」若杉準治編『絵巻物の鑑賞基礎知識』至文堂、一九九五年
近藤好和「中世戦闘史料としての軍記物語の位置」梶原正昭・栃木孝惟・山下宏明・長谷川端編『軍記文学とその周縁』（『軍記文学研究叢書』一）、汲古書院、二〇〇〇年
近藤好和「武具の中世化と武士の成立」元木泰雄編『院政の展開と内乱』（『日本の時代史』七）、吉川弘文館、二〇〇二年
下向井龍彦「国衙と武士」『岩波講座日本通史』六 古代五、岩波書店、一九九五年
釈迦堂光浩「南北朝期合戦における戦傷」『中世内乱史研究』一三、一九九二年
トーマス・コンラン「南北朝期合戦の一考察」大山喬平教授退官記念会編『日本社会の史的構造』古

代・中世、思文閣出版、一九九七年
富倉徳次郎「明徳記考」『国語国文』、一九四一年
野口実「豪族的武士団の成立」元木泰雄編『院政の展開と内乱』（『日本の時代史』七）、吉川弘文館、二〇〇二年
元木泰雄「武士論研究の現状と課題」『日本史研究』四二一、一九九七年
元木泰雄「『今昔物語集』における武士」安田章編『鈴鹿本今昔物語集』京都大学学術出版会、一九九七年
吉沢幹夫「古代軍制と騎馬兵力について」関晃先生古稀記念会編『律令国家の構造』吉川弘文館、一九八〇年
『アジア遊学』三五（天駆ける馬）、勉誠出版、二〇〇二年

著者紹介

一九五七年、神奈川県に生まれる
一九八七年、国学院大学大学院文学研究科博士課程後期日本史学専攻単位取得
二〇〇二年、文学博士（広島大学）
現在、駒沢大学文学部非常勤講師
主要著書
弓矢と刀剣　中世的武具の成立と武士

歴史文化ライブラリー
184

騎兵と歩兵の中世史

二〇〇五年（平成十七）一月一日　第一刷発行

著　者　近《こん》藤《どう》好《よし》和《かず》
発行者　林　英男
発行所　株式会社 吉川弘文館
東京都文京区本郷七丁目二番八号
郵便番号一一三―〇〇三三
電話〇三―三八一三―九一五一〈代表〉
振替口座〇〇一〇〇―五―二四四
http://www.yoshikawa-k.co.jp/
印刷＝株式会社 平文社
製本＝ナショナル製本協同組合
装幀＝山崎　登

歴史文化ライブラリー

1996.10

刊行のことば

現今の日本および国際社会は、さまざまな面で大変動の時代を迎えておりますが、近づきつつある二十一世紀は人類史の到達点として、物質的な繁栄のみならず文化や自然・社会環境を謳歌できる平和な社会でなければなりません。しかしながら高度成長・技術革新にともなう急激な変貌は「自己本位な刹那主義」の風潮を生みだし、先人が築いてきた歴史や文化に学ぶ余裕もなく、いまだ明るい人類の将来が展望できていないようにも見えます。このような状況を踏まえ、よりよい二十一世紀社会を築くために、人類誕生から現在に至る「人類の遺産・教訓」としてのあらゆる分野の歴史と文化を「歴史文化ライブラリー」として刊行することといたしました。

小社は、安政四年（一八五七）の創業以来、一貫して歴史学を中心とした専門出版社として書籍を刊行しつづけてまいりました。その経験を生かし、学問成果にもとづいた本叢書を刊行し社会的要請に応えて行きたいと考えております。

現代は、マスメディアが発達した高度情報化社会といわれますが、私どもはあくまでも活字を主体とした出版こそ、ものの本質を考える基礎と信じ、本叢書をとおして社会に訴えてまいりたいと思います。これから生まれでる一冊一冊が、それぞれの読者を知的冒険の旅へと誘い、希望に満ちた人類の未来を構築する糧となれば幸いです。

吉川弘文館

〈オンデマンド版〉
騎兵と歩兵の中世史

On Demand
歴史文化ライブラリー
184

2018年（平成30）10月1日　発行

著　者　近《こん》藤《どう》好《よし》和《かず》
発行者　吉川道郎
発行所　株式会社　吉川弘文館
〒113-0033　東京都文京区本郷7丁目2番8号
TEL　03-3813-9151〈代表〉
URL　http://www.yoshikawa-k.co.jp/

印刷・製本　大日本印刷株式会社
装　幀　清水良洋・宮崎萌美

近藤好和（1957～）

ISBN978-4-642-75584-9